Juanes.   Madrid, Prado.

Tomad y comed: éste es mi cuerpo.

PRÓLOGO.

Existen, para casi todos nosotros, temporadas y estados de ánimo, durante los cuales nos es, no ya útil, sino necesario, el servirnos de libros de piedad para prepararnos a recibir los santos sacramentos de la Confesión y de la Eucaristía. Es indudable que siempre será la mejor oración aquella que brote de nuestra propia mente, con acentos en los que vibre la voz del corazón, y también lo es, que no puede éste, cuando se halla conmovido por extraordinarios consuelos o angustiado por desolaciones del espíritu, servirse de oraciones impresas en un devocionario, para hablar con su Dios, al postrarse ante él adorándole en el Santísimo Sacramento. En el primer caso, el alma entera se desborda en un cántico de alabanza y de gratitud; en el segundo, sólo puede repetir aquel grito de amargura que el Salvador mismo nos enseñó, y nos permitió dirigir al Padre.

Pero entre estos dos estados hay uno intermedio: horas de aridez espiritual y de cansancio físico; momentos en los cuales nos distraen preocupaciones enojosas, nos acometen tentaciones y nos vemos expuestos a ser víctimas de la fatal rutina, para lo cual se nos ocurre buscar remedio en un cambio temporal de método en nuestros ejercicios de piedad, que nos haga sentir al menos el aliciente de la novedad. En estos casos, los autores espirituales recomiendan, que aun aquellas personas que de ordinario tienen la provechosa costumbre de hablar con Dios como niños que emplean su propio lenguaje, sin ayuda extraña, procuren despertar del letargo en que yacen, adoptando por algún tiempo las palabras de un devocionario, y enfervorizándose con piadosas consideraciones.

Fácilmente se advierte que para este fin nos será de mayor provecho recurrir a pensamientos que por su claridad y sencillez vayan directamente a corregir nuestra tibieza y a modificar nuestra sequedad.

Las oraciones impresas en esta breve colección de consideraciones, son todas originales y tienen el encanto de la sencillez a la vez que de una claridad de lenguaje que muchas almas hallarán de gran ayuda. Aunque van dirigidas principalmente a religiosas, se ha pensado que podrán ser también de mucho provecho para todas las almas piadosas que tienen la dicha de frecuentar los sacramentos.

Herbert Thurston S. J.

ÍNDICE.

	Pág.
Confesión	1
I. Oración para pedir luz y ayuda	1
II. Examen de conciencia .	12
III. Contrición	33
IV. Propósito de la enmienda	65
V. Acción de gracias . .	67
Comunión	85
Primer Ejercicio. Cristo nuestro Señor, la segunda Persona de la Santísima Trinidad .	90
Segundo Ejercicio. Cristo nuestro Señor, Juez de vivos y muertos	122
Tercer Ejercicio. Cristo, Salvador del mundo	142
Cuarto Ejercicio. Cristo nuestro Señor, Huésped del alma	159
Quinto Ejercicio. Cristo nuestro Señor, el Maestro . . .	182
Sexto Ejercicio. Cristo, Amigo del alma	211
Séptimo Ejercicio. Cristo, nuestro Rey	240
Letanía para la santa Comunión	278
Rosario para la Comunión . .	287

CONFESIÓN.

PREPARACIÓN [1].

I. ORACIÓN PARA PEDIR LUZ Y AYUDA.

Señor, Dios mío, de nuevo vengo a vos en este sacramento, para pediros perdón por mis culpas, que claman a vuestra infinita misericordia: ¡piedad!

La necesidad más grande de mi alma, necesidad que aumenta a medida que se alarga mi vida, es la de esa unión con vos, Dios mío, que se ha de consumar en el cielo, pero que aquí en la tierra se ve estorbada por

---

[1] Se supone que no ha de emplearse cada vez toda la preparación. Ofrécese ésta con amplitud para dejar lugar a escoger y variar.

mis pecados. Para remediar este mal y acercarme a vos, me llamáis una y otra vez al tribunal santo de la penitencia, donde laváis mi iniquidad y me purificáis con vuestra sangre, creando en mí un corazón limpio. *Cor mundum crea in me, Deus* [1].

La limpieza de corazón es la mejor disposición que podemos llevar a la sagrada mesa, porque es la única que exigís vos, Señor, para llenar el alma que con ella os recibe, de todos los celestiales dones que se vinculan en vuestra real presencia; y para prepararla, con esta estrecha unión, para esa otra que ha de satisfacer por completo el deseo de abismarse entera-

---
[1] Salmo L.

mente en vos, que vos mismo habéis inspirado al corazón del hombre. Por eso una y otra vez os suplico: *Cor mundum crea in me, Deus*— *Cread en mí un corazón limpio, Dios mío.*

Padre, glorifica tu nombre[1]. Glorifica en mí el poder de la Sangre divina. Cuántas veces, enseñando ufanos una obra, decimos: «Esto lo he hecho de nada.» Así pudierais vos, Señor, glorificaros haciendo *algo* de esta nada mía, completando la obra comenzada, haciéndome alcanzar la perfección que para mí elegisteis, y dando de este modo una compensación a tantos trabajos como por mí os habéis tomado.

---

[1] S. Juan XII, 2.

Señor, podéis y queréis hacerlo así. Que llegue el día en que presentándome a vuestros Ángeles y Santos, podáis decir: «Ved la obra de mis manos, terminada al fin ... no sólo hecha de la nada, sino realizada a pesar de flaquezas, resistencias y pecados sin cuento....»

Pero no es sólo el perdón de mis culpas lo que voy a hallar en este sacramento, sino que ha sido vuestro designio el concederme, por él, un medio, el más eficaz después del de la sagrada comunión, para alcanzar la perfección a la cual me llamáis desde hace tanto tiempo. Los frutos que la confesión produce en el alma, no pueden ser más preciosos. Conocimiento propio y humildad, fuerza y valor, paz, aumento de gracia, perseverancia en el divino servicio; todos estos bienes van a serme comunicados en la medida que las disposiciones de mi alma los merezcan. Ayudadme, Señor, a mejorar estas disposiciones, cada vez que me acerque a este sacramento.

Antes de las palabras de la absolución, oiré otras, por las cuales el sacerdote en vuestro nombre me dirá: *in quantum possum, et tu indiges — hasta donde yo pueda, y tú lo necesites.* ¡Ah, Señor! ¡si quisierais decirme vos esas palabras en otro sentido, prometiéndome la gracia del sacramento, según la medida de vuestra omnipotente generosidad y de mi absoluta miseria... «*hasta donde yo pueda, y tú lo necesites*». Vos solo sabéis lo que estas palabras significarían, el torrente de gracias que habríais de derramar sobre mi alma, como remedio de mi absoluta indigencia.

Pero, ¿me negáis acaso ese tesoro ahora? ¿ponéis algún límite a la gracia que aquí puedo recibir? Nada de eso. Lo que principalmente tenéis en cuenta para ello, es mi anhelo, y a éste subordináis en cierto modo vuestros favores. *Que aquel que tenga sed, venga, y que el que quiera, tome el agua de vida libremente*[1].

---

[1] Apoc. XXII.

El venerable párroco de Ars dice que, cuando vamos a la oración, debemos abrir nuestros corazones, como abre el pez la boca al aproximarse una ola. Así nos ordenáis vos, Señor, ensanchar nuestros corazones, cuando nos acercamos a recibir los santos sacramentos. *Abre tu boca y yo la llenaré*[1]. — *Si alguno tiene sed, venga a mí y beba*[2]. — *Si tú conocieras el don de Dios ... puede ser que tú le hubieras pedido a él, y él te hubiera dado agua viva*[3].

Dios mío, ¿podíais suplicarnos con más insistencia el que os pidiéramos lo que estáis deseando concedernos? Yo conozco ese don de Dios,

---

[1] Salmo LXXX.   [2] S. Juan VII.
[3] Ib. IV.

y pido con todas las fuerzas de mi alma, esa agua viva. Haced, Señor, que aumente en mí la sed, a medida que de ella vaya bebiendo, para que glorifique vuestra misericordia, realice vuestros designios sobre mí, y ensalce el poder de la preciosa Sangre de Cristo.

Y ahora, Dios mío, a mí toca acabar la parte más fácil de este trabajo que hemos de hacer juntos. Ayudadme con vuestra gracia, concediendo luz a mi inteligencia, y fuerza a mi voluntad. Mostradme mi alma tal como la veré el día en que vengáis a *buscar a Jerusalén con lámparas*[1], y ... tal como la veré en la hora del

---
[1] Sof. 1.

juicio particular. No serán entonces las faltas hijas de mi fragilidad, las que me espanten, sino la oposición deliberada a vuestra divina voluntad, la infidelidad voluntaria a la gracia, la deliberada mezquindad de mi conducta para con vos; he ahí lo que me llenará de angustia en aquella hora.

Las faltas en las que caigo por sorpresa sin que apenas tome parte mi voluntad, no me separan de vos. Son pues los actos de ella los que tengo que examinar, ... la indiferencia voluntaria en vuestro servicio, las infracciones voluntarias de vuestra santa ley, dictada por los mandamientos, por mis directores, por mi deber.

He aquí la materia de mi examen; estas son las faltas de las que he de venir a acusarme a vuestros pies; estas las que he de llorar arrepentida, y sobre las que ha de afirmarse mi propósito de enmienda.

Señor, hacedme ver lo que os ha disgustado durante esta semana: en mi conducta hacia vos, en mis relaciones con los que me rodean, hacédmelo ver, con la misma claridad que lo veré después de la muerte en el momento de encontrame en vuestra divina presencia. Estas faltas en las que tomó parte mi voluntad, y aquéllas de ingratitud hacia vos, que deben llenarme de vergüenza, unidas a tantas otras de mi vida pasada, por las que renuevo el dolor, son materia muy suficiente para una acusación, un arrepentimiento y un propósito, que deseo broten del fondo de mi corazón.

Veni, Sancte Spiritus,
Et emitte coelitus
Lucis tuae radium.
Veni, Pater pauperum.
Veni, Dator munerum.
Veni, Lumen cordium.
O Lux beatissima,
Reple cordis intima
Tuorum fidelium.

Ven, Espíritu Santo,
Y envía del cielo
Un rayo de tu luz.
Ven, Padre de pobres.
Ven, Dador de bienes.
Ven, Luz del corazón.

Oh Luz beatísima,
Penetra hasta lo más hondo
Del corazón de tus fieles.

II. EXAMEN DE CONCIENCIA.

Todos tenemos nuestro método de examen, y con una mirada vemos, casi siempre, las faltas de la semana. Sin embargo, las siguientes indicaciones pueden sernos muy útiles.

1. *HACIA DIOS.*

Confesión. ¿Qué pensáis, Señor, de mi última confesión? ¿de mi sinceridad y humildad en ella?... ¿sobre todo del cuidado que debí poner en pesar bien los motivos de dolor, y en afirmarme en el propósito de enmienda?

¿Y mis *comuniones*? No me pregunto, ¿qué he sentido en ellas? sino ¿qué habéis pensado vos de ellas? ¿Cómo hice la preparación remota y la inmediata? ¿Observé las adiciones, que implican que el primer pensamiento del día y el último sean para Dios? ¿Acaso una fidelidad mayor en estos puntos, no daría a mis comuniones más fruto?

Misa. ¿Cómo la oigo? ¿Cómo me uno al sacerdote para ofrecer el santo sacrificio?... ¿Cómo me uno con Dios? ¿Recuerdo la sagrada Pasión? ¿Los cuatro fines del Sacrificio? ¿Qué oración hago por los vivos y por los difuntos?

Meditación. ¿Cuál ha sido mi preparación remota? ...

¿y la inmediata? ... ¿Cómo observo las adiciones? ¿Me esfuerzo por entender bien la materia de la meditación? ¿por emplear la mayor parte del tiempo en el coloquio? ¿por hacer que mi oración tenga resultados prácticos? ¿Hago el examen de la meditación con decidido empeño de enmendarme?

Examen general de conciencia. ¿Empleo la mayor parte de él en afectos de dolor? ¿Procuro formar, por lo menos, dos actos intensos de contrición perfecta cada día?

Examen particular. ¿Qué cuidado y empeño pongo en hacerlo y en apuntar los actos?

Oraciones de la mañana y de la noche.—Visita al

Santísimo.—Rosario.—Ángelus.—Bendición de la mesa.

En todas estas prácticas de piedad, ¿procuro al menos hacer al comenzarlas un acto de presencia de Dios, diciéndome: «¿Adónde voy y para qué voy?»

Presencia de Dios. ¿La renuevo durante el día? ¿Digo jaculatorias? ¿Renuevo la pureza de intención con frecuencia? ¿Hago actos exteriores de reverencia, tales como genuflexiones, tomar agua bendita, etc.? ... ¿Soy fiel a las inspiraciones de la gracia?

Lectura espiritual. ¿La hago acompañada de oración para pedir gracia, con verdadera atención, y con propósito de perfeccionarme?

2. PARA CON EL PRÓJIMO.

Superiores. ¿Los reverencio y amo?

Iguales. ¿Cómo me conduzco con ellos en el trabajo? ¿en los esparcimientos? ¿Brilla la caridad en mis pensamientos, en mis palabras, en mis acciones?

Inferiores. ¿Soy caritativa? ¿Rezo por ellos? ¿Muestro prudencia en mis órdenes, firmeza en aquello que debo corregir, y en todas mis palabras amabilidad? O por el contrario, ¿soy descuidada, indolente, egoísta?

3. PARA CONMIGO MISMA.

¿Soy humilde? ¿Guardo bien los sentidos? ¿Cómo va mi pasión dominante? ¿Aumentan o disminuyen las faltas en que ésta me hace caer?

¿Hago el trabajo de mi casa con el debido espíritu de humildad, diligencia y devoción?

(En este examen no advertiré los sentimientos o las repugnancias que experimento, sino la parte que en los actos ha tomado mi voluntad, o sea la intención deliberada de ellos.)

FÓRMULA PARA EXAMEN DE CONCIENCIA MÁS DETALLADO.

1. HACIA DIOS.

Sacramentos. ¿Regularidad en su uso? ¿Los abandono? ¿por qué motivos?

Confesiones. ¿Qué juicio ha merecido de vos, Señor, mi última confesión? ¿Qué humildad, qué sinceridad llevé a ella? ¿Tuve cuidado especial en pesar bien los motivos de contrición y en afirmar mi propósito de enmienda?

Comuniones. ¿Cómo las juzgáis vos, Señor? ¿Cuál es mi preparación remota? ¿y la inmediata? ¿Hago los actos de costumbre antes y después?

Despertar. ¿Me levanto a hora fija y con presteza? ¿Es para Dios mi primer pensamiento? ¿Hago mi oración de la mañana antes de salir del cuarto?

Misa. Meditacion. Lectura. El catecismo señala estas prácticas de piedad como «ejercicios diarios del cristiano». Debo fijarme en que dice *del cristiano*, y no, del religioso; *diarios,* y no como y cuando la comodidad o el capricho quieran; *ejercicios,* palabra que significa esfuerzo, abnegación propia, paciencia con el cansancio y las distracciones, perseverancia. ¿Soy fiel a todo esto?

Misa. ¿Cómo la oigo? ¿Cómo me uno al sacerdote para ofrecer con él el Sacrificio? ¿Cómo me uno con el Señor? ¿Recuerdo la sagrada Pasión? ¿Los cuatro fines del Sacrificio? ¿Pido por los vivos y los difuntos?

Meditación. ¿Procuro fijar bien la atención en la materia de ella? ¿Empleo la mayor parte del tiempo en coloquios? ¿Saco resultados prácticos de mi oración?

Lectura espiritual. ¿La hago precedida de oración, para pedir gracia, y con propósito decidido de sacar provecho de ella?

Funciones de iglesia, Sermones, etc. ¿Soy puntual? ¿Estoy en ellos sin atención? ¿Estoy con la debida reverencia delante del Santísimo Sacramento? En las visitas al Santísimo, ¿procuro agradecer el que Jesucristo se haya quedado por mí en el sagrario, acompañándole con fe, amor, y sacrificios? ¿Qué fidelidad y atención guardo respecto al rezo del santo Rosario, del Ángelus, de la Bendición de la mesa? ... ¿Renuevo siempre la presencia de Dios, antes de la oración?

Oraciones de la noche. ¿Con qué fervor hago este último acto del día? ¿Consiento, a veces, que una diversión o pretexto de cansancio sean causa para omitirlas? ¿Si está en mi mano el que se haga la oración en común, ¿lo procuro así?

Examen de conciencia. ¿Empleo la mayor parte de él en actos de dolor? ¿Procuro formar, al menos, un acto intenso de contrición perfecta cada día?

Examen particular. ¿Qué cuidado tengo en hacerlo?

¿Se inspira mi piedad en verdadera caridad y buen sentido? ¿Ayuda, o perjudica a las personas de mi familia? ¿Descuido alguna vez con pretexto de atender a prácticas de piedad, los deberes de mi vida y de mi estado?

2. HACIA MI PRÓJIMO.

¿Recuerdo a menudo aquellas palabras del Salvador: No juzguéis? ¿Vigilo mis gustos y mis antipatías? ¿Procuro tener tacto y paciencia para con aquellas personas que me disgustan, o a las cuales no soy simpática?

¿He sido causa de escándalo o de desedificación? ¿Puedo decir que alguien ha sido peor esta semana por causa mía? ¿Huyo de la murmuración como de un enemigo formidable? ¿Tomo parte, o escucho de buen grado conversaciones poco caritativas? ¿Tengo cuidado de defender la fama del ausente, y recuerdo que es de precepto el restituirla cuando ha padecido detrimento por calumnia o por difamación? ¿Cómo estoy en cuanto a críticas, palabras ásperas, resentimientos? ¿Cómo me disculpo? ¿Cómo recibo las disculpas?

¿Estoy bien prevenida contra las mil formas con que sutilmente se infiltra en el corazón la envidia? ¿Me molesta el que otros hagan una cosa buena? ¿Me ofendo con facilidad porque otros se vean más considerados que yo? ¿Puede mi conversación sufrir examen? ¿Puede alguien quejarse de mí, por falta de amabilidad? ¿Guardo, con escrupuloso cuidado, secreto de las quejas que me confían personas amigas? ¿He sido causa de algún disgusto o de alguna falsa interpretación?

¿Reverencio a los sacerdotes, recordando que ellos tocan el Cuerpo del Señor? ¿Cuido de no ofenderlos personalmente o en su ministerio, con críticas o palabras desconsideradas? ¿Me muestro indiscretamente partidaria de un sacerdote o de una orden religiosa, con exclusión de otros u otras? Con respecto a mi confesor, ¿tengo cuidado de no hablar con otras personas de lo que él me dice en confesión, pensando que lo que es buen consejo para mí, pudiera ser perjudicial para otros? ¿Evito en lo posible el observar en las demás personas, cuánto tiempo emplean en sus confesiones, o qué confesores frecuentan, recordando que esta es cuestión que no me incumbe y en la cual la curiosidad es muy reprensible? ¿Soy considerada respecto al tiempo que para mí exijo del confesor, y creo que las necesidades espirituales de los demás pueden ser más apremiantes que las mías?

¿Aliento y sostengo, encuanto de mí depende, las buenas obras, o soy obstáculo para alguna? ¿Recuerdo en mis limosnas el interés de las almas, ayudando materialmente a Escuelas pobres, Conferencias, Catequesis, Doctrinas, etc.?

¿He perjudicado a algún comerciante, deprestigiándole,

sin razón suficiente para ello? ¿Tienen los pobres motivo para quejarse de mí, por alguna injusticia, dureza de corazón, o negligencia en su ayuda? ¿Soy exacta en el pago de salarios, cuentas y demás deudas?

¿Qué hago para ayudar a los pobres que luchan por la vida, a los enfermos, a los desgraciados? ¿Me desanimo fácilmente en las buenas obras, y las abandono por envidia, por sentirme ofendida, o por inconstancia? ¿Procuro extender lo más posible la fe, y aprovecho las ocasiones de aprender cómo se ha de explicar lo que creo y cómo he de contestar a las objecciones que me puedan hacer?

Si soy persona de autoridad.

¿He vigilado mi casa como debo? ¿Recuerdo que aunque puedo delegar mi autoridad, nunca me es permitido abdicar de ella, ni puedo tampoco desentenderme de la responsabilidad personal, que en el gobierno de mi casa me corresponde?

¿Muestro respeto, obediencia y amor a las personas a quienes es debido? ¿Procuro ser abnegada y paciente? ¿Me dejo llevar de movimientos de cólera? ¿Me irrito fácilmente? ¿Digo palabras duras? ¿Me muestro egoísta? ¿Soy considerada respecto al tiempo de los demás, de aquellos que están más ocupados que yo?

¿Cuido de mis hijos como de mi mejor tesoro, procurando hacerles fácil y agradable la práctica de la virtud, e inculcándoles hábitos de obediencia, aplicación y puntualidad? ¿Hago por ellos, todo lo que está en mi mano, ya personalmente, ya valiéndome de otras personas? ¿Considero su educación como la más grave de mis responsabilidades, así como el más hermoso de mis privilegios? ¿Despiertan en ellos mi influencia y mi ejemplo el amor hacia Dios y el odio al mal? ¿Aprenden de mí desprecio del mundo, un leal amor a la santa Iglesia, el valor del sacrificio en favor de las almas? ¿Tengo el mismo interés en verlos crecer católicos fervorosos y convencidos, que el que tengo en el bien de sus vidas materiales? ¿Me entero de lo que leen, y soy diligente en impedir las lecturas peligrosas? ¿Soy enérgica en no consentir que mis hijos se retiren a altas horas de la noche? ¿Falto por exceso de severidad o por demasiada indulgencia? Cuando se presenta cualquier riesgo para la inocencia de los niños, ¿recuerdo siempre aquellas palabras de Cristo acerca de la piedra de molino? ¿Cuido de no ser jamás ocasión de pecado para un niño? ¿Rezo diariamente por los hijos que Dios me ha dado?

¿Procuro el bien de mis criados? ¿Cuido de saber si están bastante instruídos?

¿Les dejo tiempo para sus deberes religiosos? ¿Los trato con amabilidad y consideración?

Si dependo de otras personas.

¿Cómo me conduzco para con mis padres o aquellas personas que sobre mí ejercen autoridad? ¿Cómo quisiera verme tratada estando en su lugar? ¿Los desobedezco? ¿Les falto al respeto debido? ¿Los enojo? ¿Les causo inquietud? ¿Rechazo sus advertencias y reprimendas? ¿Malgasto o desperdicio el tiempo que debiera dedicarles? ¿Me muestro enfadada o desalentada cuando se me hacen ver mis faltas? ¿Soy obstinada en seguir mi propia voluntad?

3. PARA CONMIGO MISMA.

¿Tengo ordenado mi tiempo durante el día, y soy exacta en su empleo? ¿Malgasto el tiempo? ¿en qué y cómo?

¿Leo novelas sin pedir consejo? ¿Guardo moderación en las buenas lecturas?

¿Ocupan en mi vida las diversiones y mi propio gusto el lugar secundario que les corresponde? ¿o constituyen, por el contrario, toda mi ocupación? ¿Cedo a la pereza del cuerpo o de la inteligencia, desperdiciando inútilmente horas y dias enteros?

¿Conozco mi pasión dominante? ¿A qué faltas me arrastra? ¿Qué medios empleo para combatirla?

¿Procuro con todas mis fuerzas desarraigar de mi corazón el orgullo y la cólera?

¿Puede mi Ángel de la Guarda observar en mí alguna vanidad en el vestir, en mi conversación? ¿O es acaso frivolidad, curiosidad, exceso de independencia lo que en mí nota?

¿Evito las diversiones y ocasiones que sé han de ser peligrosas para mí? ¿Guardo bien mis sentidos, para poder guardar mi corazón?

(Adviértase en este examen, no los sentimientos ni las repugnancias, sino la parte que en los actos ha tomado la voluntad, o sea la deliberada intención de ellos.)

III. CONTRICIÓN.

A vos toca, Señor, darme ese dolor de corazón que sin vuestra ayuda no podré alcanzar. ¿Me lo negaréis? No hay padre que dé a su hijo una piedra, cuando éste le pide pan, ni una serpiente si le pide un pez. Por tanto si nosotros siendo malos, sabemos dar buenas cosas a nuestros hijos, ¡cuánto más vos, Padre celestial, sabréis y querréis darnos las gracias que os pedimos!... Dadme, Señor, lo que os pido, dadme lo que deseo: un conocimiento interior de todas mis culpas, y un intenso aborrecimiento de ellas. Dadme vergüenza y confusión, verdadero dolor y lágrimas, con que llore mis innumerables pecados.

Si a vos, Señor, toca darme esta gracia de contrición, a mí me corresponde el pedirla, el desearla y el pesar bien los motivos que tengo para llorar mis culpas, por el castigo que por ellas merezco, por las padecimientos y muerte de Cristo, por el ultraje que infirieron a vuestra infinita bondad. Sobre estas tres causas principales de contrición quiero meditar brevemente.

1. EL INFIERNO.

Si desgraciadamente he cometido alguna vez un pecado mortal, puedo ahora bajar con el pensamiento a las puertas del infierno y ver allí a través de las rejas de esta horrible cárcel, lo que ha merecido este pecado mío.

En el instante en que cometí aquella falta, tuve en el infierno preparado un sitio. Sobre él estaba escrito mi nombre y los demonios al pasar por allí, sabían que me estaba destinado. ¿Cómo era aquel lugar, donde pude hallarme eternamente condenada? Sobre él estaba el cielo, del cual me hallaba para siempre desterrada, abajo la espantosa sima sin fondo, alrededor el espectáculo y los ruidos aterradores de esa *tierra donde no existe orden, sino eterno horror* [1], los demonios, y cuanto de más despreciable puede ha-

---
[1] Job x.

llarse en la humana perversidad. Sobre todo, y más terrible que el conjunto mismo de todos estos tormentos exteriores, veo allí la agonía del remordimiento, la desesperación rayana en locura, la pérdida de Dios, que es por sí sola el verdadero infierno del alma.

Todo esto estaba preparado para mí, y preparado por mí misma, cuando escogí apartarme de Dios para seguir al pecado. Como Dios es todo bien y no puede existir ningún bien lejos de él, cuando no queremos permanecer en él, nos apartamos de todo lo que es bueno, amable, seductor. Rechazando a Dios, rechacé también la felicidad eterna, el consuelo, la paz, la seguridad, la luz, el amor ... todo lo que es él. ¿Qué les queda a aquellos que han perdido a Dios, sino obscuridad y ruina, desgracia y desesperación eternas?

De todo esto me ha salvado la paciente misericordia del Señor. Me ha querido esperar, soportar, para llegar a conquistarme y a salvarme. Todavía existo y puedo esperar el cielo, todavía puedo decir: «Dios mío, me arrepiento», porque él sigue siendo *mi* Dios; todavía puedo levantar hacia él mis manos y suplicarle: «Padre nuestro que estás en los cielos.»

Para mí instituyó la misericordia divina del Corazón

de Jesús el sacramento de la penitencia, *¿Ignoráis que la benignidad de Dios os llama a penitencia?* [1]

¡Oh, paciencia infinita de mi Creador! Yo me arrepiento desde el fondo del alma de haber pecado contra vos, tan repetidas veces; yo os doy gracias por la misericordia que apartó de mí el castigo merecido, e hizo del infierno un motivo más para impulsarme a venir a pediros perdón y a arrojarme en vuestro sacratísimo Corarazón. Señor, si algún día por culpa mía me olvido de vuestro amor, que al menos el temor saludable del castigo me detenga antes de caer en pecado.

---
[1] Rom. II.

2. EL CIELO.

Por aquel pecado mortal, no sólo he merecido el infierno, sino que he podido perder el cielo. ¡El cielo! Allí, entre las muchas mansiones de la casa de mi Padre, hay una que me está destinada desde toda la eternidad. El día de mi bautismo quedó sellada con mi nombre, y los ángeles y los santos supieron que yo había de ir algún día a ocuparla. Para asegurármela es para lo que la Providencia divina ordena todos los acontecimientos de mi vida, empleando en ello su infinita sabiduría. ¿Qué hay en aquella mansión?

Por todas partes, las dichas y alegrías, que el ojo no ha visto, ni el oído ha percibido, ni el corazón del hombre concibió jamás; las dichosas huestes de Santos, la compañía bendita de los Ángeles. Allí veo a María, nuestra Reina y nuestra Madre, en todo el esplendor de su gloriosa belleza, más arriba aún la sagrada Humanidad, «lámpara de la celestial Jerusalén», y sobre todas estas legiones de Santos, de Ángeles, de Querubines y Serafines, más encumbrada que la sagrada Virgen María y que la Humanidad de Cristo, aparece la Trinidad beatísima, Padre, Hijo, Espíritu Santo, ... Dios, descubierto ya su rostro.

¡Todo esto—mío, preparado para mí! Y todo esto es lo que deliberadamente arrojé lejos de mí, en un momento de insensata locura. Lo perdí... y ¿por qué? ... Por un placer fugaz, por una satisfacción momentánea, por un capricho. ...

Pero, Dios seguía esperándome *sin cansarse*, ... sin indignarse por mi ingratitud; muy al contrario, ofreciéndome su reino una y otra vez, cuantas quiera yo aceptarlo. ...

Dios mío, caigo postrada en tierra ante vuestra divina Majestad, llorando amargamente esos pecados que me hicieron perder el lugar que en vuestra gloria me teníais destinado, que me hicieron perderos a vos, perder la eternidad bienaventurada de unión inefable, de éxtasis ante el esplendor de vuestra Faz revelada.

3. LA PASIÓN.

El infierno y el cielo me enseñan algo de lo que es el pecado, pero no tan bien como me lo enseña la Pasión. Me mueven a contrición, pero mucho más lo hace la vista de los sufrimientos que Cristo padeció por mí.

Vayamos a Getsemaní, o a la columna de la flagelación, o al Calvario, si queremos aprender a odiar el pecado, a alabar la misericordia de Dios, y a sentir firme y profunda contrición.

Getsemaní. ¿Qué veo en aquel obscuro jardín? Bajo la sombra que proyectan los olivos en la noche iluminada por la luna, mi Dios está solo, acongojado, desfallecido, humedeciendo con su sangre la tierra, obra de sus manos. Para él, que todo lo puede y que sostiene el peso de la creación entera, aquel pecado mío, sólo aquel pecado, fué carga abrumadora que apenas pudo soportar.

Jesús mío, cuando mi corazón endurecido no halle sentimiento para llorar sus culpas, permitidme que atravesando el Cedrón, y subiendo la senda que conduce al monte Olivete, penetre en el solitario huerto de la Agonía y aprenda allí lo que os han costado mis pecados, lo que significa cada una de las absoluciones que recibo.

Dios ha exigido siempre contrición, confesión y satisfacción, para perdonar el pecado.

Aquí en el Huerto, Jesús aparece como el modelo de los penitentes. Oigo su grito de dolor: *Mi alma está triste hasta la muerte*[1]. Escucho su confesión, cuando reconociendo en sí mismo la semejanza del pecado y la víctima de la cólera divina, exclama con espanto: *Si es posible, pase de mí este cáliz*[2]. Veo su satisfacción a la divina justicia, simbolizada en aquel sudor de sangre que la angustia del corazón arrancó a su sagrado Cuerpo.

Jesús mío, permitidme llorar aquí a vuestro lado mis

---

[1] S. Marc. XIV.   [2] S. Mat. XXVI.

pecados, todos mis pecados;
perdón para ellos ... perdón
por la gota amarga de hiel
que yo puse en el cáliz de
vuestra Pasión.

LA ORACIÓN EN EL HUERTO.

Se postró en tierra, caído sobre su rostro orando[1]....

Se postró en tierra, y suplicaba[2]....

Miro al tabernáculo y veo que está ahí él, el mismo que aquella noche de agonía estaba postrado en tierra en el huerto. Él, que era la alegría de los cielos y de la tierra, ¡agonizando! ...

¿Por qué, Señor?

Y él me contesta así: *Caí ante el Señor por todos vuestros pecados, los que come-*

---

[1] S. Mat. XXVI, 39.
[2] S. Marc. XIV, 35.

tisteis contra el Señor provocándole a ira. Porque temí que en la indignación y la cólera que hacia vosotros sentía, pudiera destruiros ... me postré ante el Señor ... pidiéndole humildemente que no os destruyera ... y el Señor me oyó, y no te destruirá [1].

Oración todopoderosa de mi Salvador, yo te bendigo, te doy gracias, y pongo en ti mi esperanza. ¿Cómo pudiste obtener para mí esa misericordia divina, que me libró de castigo eterno? ¡Ah! fué alcanzándome la gracia preciosísima de la contrición por esos pecados que provocaron la ira y la indignación de mi Dios.

---

[1] Deut. IX.

Concededme ahora, Señor, el fruto que alcanzó aquella oración. Dadme un dolor profundo, sincero, vehemente, de mis culpas, de todas mis culpas, de todas las ofensas grandes o pequeñas con las que disgusté a vuestra divina Majestad, hiriendo con herida de desamor ese corazón de padre, que aun cuando yo le ofendía me soportaba, me esperaba, y no quiso destruirme, porque escuchaba aquella oración omnipotente de mi Salvador agonizante, que intercedía por mí.

EL PRETORIO.

Sigamos la vía dolorosa que baja del monte Olivete, para atravesar de nuevo el

Cedrón y llegar al Pretorio de Pilatos.

Allí me arrojo de rodillas al pie de la columna de la flagelación y hundo mi frente en el polvo. El ruido de los crueles azotes que rasgan las carnes divinas, llega a mis oídos. Esos azotes van cargados con el peso de mis pecados....

Permanezco allí hasta que los innumerables azotes han pagado el precio de las absoluciones a mi alma concedidas.

Entonces puedo levantarme: estoy perdonada, purificada.

Allí en el suelo, sobre el charco formado por su propia sangre, queda la Víctima divina, a la que debo mi justificación.

¡Ah, Señor! ¿no os dejaré al menos mi corazón, mi pobre corazón, que si no está destrozado de dolor como yo quisiera, se halla verdaderamente arrepentido? Tan arrepentido y humillado, que no sabréis despreciarlo.

EL CALVARIO.

Cierto día, hace ya casi dos mil años, fué erigida una cruz en las afueras de Jerusalén, y en esta cruz un Hombre sufrió el martirio destinado a los malhechores.

Voy a tomar en mis manos el Crucifijo y a meditar sobre lo que debió ser muerte semejante.... ¿Ha padecido nunca un malhechor más que padeció mi Dios en aquellos momentos? Pienso en la flagelación que precedió al martirio, en la coronación de espinas, y en esta espantosa crucifixión. Le veo allí clavado en la cruz; la carne viva y palpitante *clavada*, las manos, los pies, atravesados por clavos enormes que se entierran luego en el leño. Aquellas espantosas heridas no hubieran podido soportar ni el más delicado roce, y sobre ellas estriba entero el peso del cuerpo, durante tres horas de agonía … hasta morir….

Miro a Jesús allí. Veo su atormentada cabeza, sus ojos apagados, velados por el llanto, los labios secos, los miembros del cuerpo sacudidos por el temblor de la muerte; veo aquellas heridas que se abren más a cada instante que pasa. Y pienso en la sed devoradora que le atormenta, en el dolor insoportable que produce la dislocación de los huesos, la tensión de los músculos y de los nervios. ¿Podría mirar sin compasión al peor de los criminales en un suplicio semejante? Y sin embargo, el que aquí lo padece no sólo no es criminal, sino que es mi Dios.

¿Dios aquí? ¿Dios víctima de este cruel tormento? ¿Dios muriendo?

Y, ¿por qué?

Por mí. Para padecer en lugar mío la pena debida por mis culpas, para enseñarme lo que es el pecado, lo que merece, lo que a él le ha costado. Con mi pecado he tomado parte activa en aquella muerte, en aquel suplicio horrendo.

¡Con cuánta resignación sufre en todos los miembros de su cuerpo, en las facultades todas de su alma! Hasta la Divinidad retira su apoyo, para permitir que la sagrada Humanidad padezca más. Jesús voluntariamente acepta todo esto *por mí*; para expiar mis pecados, para satisfacer la justicia de su divino Padre, para conseguirme las absoluciones que han de serme otorgadas en el transcurso de mi vida.

¡Oh Jesús mío! miradme aquí de hinojos al pie de vuestra Cruz, pidiéndoos con lágrimas, que me concedáis un «conocimiento íntimo de la fealdad del pecado» y un dolor profundo que os acompañe en ese dolor que voluntariamente tomasteis por mis culpas.

Ya no puedo dudar de que el fruto de vuestra Pasión será el perdón de todos mis pecados, y que aun siendo *de color de sangre, quedarán blancos como la nieve*[1].

Aquel que no libró a su Unigénito, sino que lo entregó por nosotros a la muerte, ¿no nos dará con él todas las cosas, y con ellas su perdón y su paz?

«POPULE MEUS.»

Extraño es que el pueblo judío no se dejara conmover

---

[1] Isaías I.

por aquel último llamamiento que Moisés, reciente aún la amargura de su gran desengaño, les dirigió a la vista de la Tierra de Promisión, *la tierra buena*[1], en la que él no había de entrar, porque, según explicó a su pueblo: *el Señor se ha enojado conmigo por causa vuestra*[2].

Estaba Moisés a las puertas de aquella tierra deseada con todo su corazón, hacia la cual había guiado durante cuarenta años a su pueblo, y donde esperaba verlo establecido en paz. *Yo supliqué al Señor diciéndole: Señor Dios, tú has mostrado a este tu siervo tu grandeza y el poder de tu brazo.... Por eso yo pasaré adelante*

---

[1] Deut. IV.   [2] Deut. IV.

y veré esa tierra excelente más allá del Jordán, y sus montañas y el Líbano. Y el Señor se enojó conmigo por causa vuestra y no me oyó, pero me dijo: Basta; no me hables más de esta cuestión. Tú no pasarás el Jordán ... ni entrarás allí[1].

Con una palabra quedó destruída su esperanza, le fué negado el deseo de toda su vida cuando estaba próximo a verlo realizado, y halló el castigo donde esperaba encontrar la recompensa de su largo trabajo. Éste fué el premio que dió el pueblo judío a *su jefe y su príncipe*[2], *el que había permanecido ante Dios para hablar por el bien*

---
[1] Deut. III.
[2] Jerem. XXX.

de ellos, y apartar de ellos su indignación [1].

Moisés no les echa nada en cara, no se queja... sólo pronuncian sus labios esta sencilla explicación: «El Señor se ha enojado conmigo por causa vuestra.»

¡Popule meus! —Me arrodillo al pie de la Cruz y levanto mis ojos hacia ese *gusano y no hombre, oprobio de los hombres y desecho del pueblo* [2]. Veo la cabeza coronada de espinas, caída sobre el pecho, las manos y los pies traspasados, la lengua seca, las mejillas humedecidas por el llanto y la sangre. *Toda la cabeza está enferma y el corazón entristecido. Desde los pies a la*

---

[1] 2 Mac. xv. [2] Salmo xxi.

cabeza no se halla parte sana en él, sino heridas, golpes y magullamientos [1].

¿Por qué sufrir todo eso, Señor?

Los labios secos y pálidos me contestan así: «*El Señor estaba enojado conmigo por tu causa.*» ¡Por mi causa! *Haec omnia propter me.* Por mí esos clavos y esas espinas, el vinagre, la hiel, las heridas, los golpes.... ¡Todo por mí!

Me atrevo a pasar más adelante y miro temblando lo que aquella alma padece. Su angustia, su desengaño de amor no correspondido, las tinieblas de su abandono. Oigo aquel grito de desolación: *Dios mío, Dios*

---
[1] Isaías 1.

mío, ¿por qué me has abandonado?[1]

¿Por qué, Señor?

El Señor estaba enojado conmigo por causa tuya. Haec omnia propter me — Todo esto por mí. Miro a aquel que yo he traspasado, sobre el cual cayó mi iniquidad, por cuyas heridas he sido curada. ¡Me amó y se entregó *por mí*!

Jesús mío, ¿puedo hallar difícil el llorar mis pecados, después de pensar en lo que por mí habéis sufrido? Quitadme ya de una vez este corazón de piedra y dadme un *corazón de carne*[2], para que me vuelva por fin a vos que me amasteis hasta la muerte de cruz, y me una

---
[1] S. Mat. XXVII. [2] Ezeq. XXXVI.

a vos con todo mi corazón, con toda mi alma, con todo mi entendimiento y con todas mis fuerzas, para que *ni la muerte ni la vida, ni las cosas presentes ni las venideras, ni criatura alguna pueda separarme del amor de Dios que está en Cristo, mi Señor*[1].

4. LA PACIENCIA DE DIOS.

Paciente y de mucha misericordia[2].

Sois llamado, Dios mío, *un Dios fuerte y fiel, que cumple sus promesas y mira con misericordia a aquellos que guardan sus mandamientos ... y da su merecido a los que se odian, sin dilación, devolviéndoles inmediatamente aquello que merecen*[3].

---
[1] Rom. VIII.   [2] Éxodo XXXIV.
[3] Deut. VII.

Siendo esto así, ¿por qué habéis sido tan paciente conmigo? ¿A qué se debe esta larga espera que me ha salvado, y el que no me hayáis dado el castigo que tan merecido tenía? ¡Oh Dios *fuerte* y *fiel*! si yo os hubiera amado siempre como lo merecéis, si hubiese guardado vuestros mandamientos toda mi vida, ¿podíais haberos mostrado más generoso de lo que lo habéis sido a pesar de mi ingratitud y de mis culpas? Y, podré atreverme a ofenderos otra vez? ¿Hasta cuándo, Señor, he de seguir mostrándome ingrata a vuestro amor?

5. LA BONDAD DE DIOS.

Nosotros no podemos comprender bien lo que es el

pecado, porque no podemos comprender quién es Dios. Sin embargo, el atributo divino que recibe ultraje más directo del pecado y que más nos impresiona es la santidad. La tememos más que a la sabiduría, más que al poder, casi más que a la justicia.

De esta santidad de Dios fué de la que Adán y Eva procuraron esconderse «entre los árboles del paraíso», después de cometido el pecado; y si cuando el Señor habitaba en la tierra, vemos que le rodeaban los niños, y que los publicanos y los pecadores le seguían y le asediaban hasta el punto de que algunos le echaron en cara el que los tratase con tanta familiaridad, fué porque ocultaba su santidad. Cuando momentáneamente la descubría, todos los hombres se estremecían ante ella. Pedro *sintió* aquella santidad después de la milagrosa pesca, y más que ante el poder de Cristo, ante ella se arrodilló espantado, gritando: *Apártate de mí, Señor, porque soy un hombre pecador* [1].

El Centurión adivinó esa santidad cuando exclamó: *Señor, yo no soy digno de que entres en mi pobre morada, pero di una sola palabra y mi siervo será sano* [2]. Los soldados y los sacerdotes la sintieron cuando cayeron de espaldas en el huerto, al oir a Jesús decir: «Yo soy.»

---

[1] S. Luc. v. [2] S. Mat. viii.

En el día postrero del mundo, será la santidad de Dios la que infundirá terror a los culpables, haciéndoles pedir a los montes que caigan sobre ellos, para ocultarlos *de la ira del Cordero*. Los ángeles no son puros en su presencia, y ante el trono divino repiten incesantemente, mientras cubren sus rostros con sus alas: *Santo, Santo, Santo* [1].

Oh Santidad de mi Dios, caigo de hinojos ante vos, para pediros verdadera contrición de mis pecados: *Tened misericordia de mí, según vuestra gran misericordia* [2]. *Oh Señor, tened misericordia de mí, pecador* [3].

---

[1] Apoc. IV.   [2] Salmo I.
[3] S. Luc. XVIII.

¿Cuál de vuestras divinas perfecciones me anonadará más cuando me encuentre en vuestra presencia al terminarse mi vida? Todas ellas me inundarán de luz y de felicidad, pero, pienso, Señor, que será vuestra paciencia inagotable, esa paciencia que me ha soportado tanto tiempo, que me ha perdonado tantas veces, la que conmoverá mi alma hasta lo más profundo y la que me impulsará a arrojarme llorando a vuestros pies. ¡Oh! si pudiese ofreceros en estos momentos una contrición en algo semejante a la que sentiré en aquella hora de revelación y de amor, en la que ya no habrá lugar a expiación, porque, o bien habrá comenzado el triunfo eterno, o se habrá consumado la irrevocable sentencia.

Hacedme comprender ahora algo de lo que entonces sentiré; dadme gracia para llegarme a vos arrepentida de todo corazón, como cumple a quien después de contemplaros en el huerto de Getsemaní y en el Calvario, y de ver el lugar que en el cielo me destináis, y el que en el infierno pudiera corresponderme, ha llegado a contemplar vuestras adorabilísimas perfecciones, por mí despreciadas y ofendidas mil veces....

IV. PROPÓSITO DE LA ENMIENDA.

Cuando pienso Señor, en lo que sois vos, en la bondad infinita, inagotable, que os lleva a ocuparos de un ser tan miserable como yo, se enciende en mi alma el deseo de amaros por vos mismo....

¡Oh Dios, todo bondad! ¿qué mayor prueba necesito de vuestra misericordia infinita, que ésta de que me améis *a mí*?

¡Oh bondad de Dios, por mí ultrajada, oh paciencia divina, por mí puesta tantas veces a prueba! yo me arrepiento, desde el fondo del alma, de mis pecados, especialmente de mis faltas ... (aquí se recuerdan las cometidas con más frecuencia). Yo propongo, con la ayuda de vuestra divina gracia, trabajar con renovado esfuerzo en la obra de mi santificación, evitando sobre todo estos pecados en los que incurro tan a menudo, para lo cual procuraré hacer un cuidadoso y constante examen particular.

Et dixi: Nunc cœpi—Ahora empiezo [1]. Ayudadme, Señor, en estos buenos propósitos, y en vuestro santo servicio, dándome vuestra gracia, para comenzar desde hoy a hacer algo por vos, ya que hasta aquí nada he realizado aún.

V. ACCIÓN DE GRACIAS.

ORACIÓN.

Salvación a nuestro Dios, que se sienta en el trono, y al Cordero [2].—Bendición, gloria, sabiduría y alabanza, honor y poder y fuerza a

---

[1] Salmo LXXVI.   [2] Apoc. VII, 10.

nuestro Dios por los siglos de los siglos, Amén [1].—Grandes y maravillosas son tus obras, Señor, Dios todopoderoso; justos y verdaderos son tus caminos, oh Rey de los siglos [2].—Salvación y gloria y poder a nuestro Dios, aleluya [3]. — Alabad a nuestro Dios, vosotros sus siervos, y los que le teméis, grandes y pequeños [4].—Dad gracias al Señor, porque es bueno, porque su misericordia permanece por los siglos de los siglos [5].—Que así lo digan los que han sido redimidos por el Señor, a los cuales él ha rescatado de la mano del enemigo [6].—Vosotros todos

---

[1] Apoc. VII, 12.   [2] Ib. XV.
[3] Ib. XIX.   [4] Ib.   [5] Daniel III.
[6] Salmo CVI.

bendecid al Señor, alabadle y dadle gracias, porque su misericordia permanece por los siglos de los siglos [1].

OTRA ORACIÓN.

Sanctus, Sanctus, Sanctus Dominus Deus noster omnipotens: qui est, et qui erat, et qui venturus est.

Et laudemus, et superexaltemus eum in sæcula.

Dignus es, Domine Deus noster, accipere laudem, et gloriam, et honorem, et benedictionem.

Et laudemus, et superexaltemus eum in sæcula.

Dignus est Agnus, qui occisus est, accipere virtutem: et divinitatem, et sapientiam, et fortitudinem, et

---

[1] Daniel III.

honorem, et gloriam, et benedictionem.

Et laudemus, et superexaltemus eum in sæcula.

Benedicamus Patrem, et Filium cum Sancto Spiritu.

Et laudemus, et superexaltemus eum in sæcula.

Laudem dicite Deo, omnes servi eius, et qui timetis Deum pusilli et magni.

Et laudemus, et superexaltemus eum in sæcula.

Laudent illum gloriosum cœli et terra; et omnis creatura, quæ in cœlo est, et super terram, et subtus terram, mare, et terra et omnia quæ in eis sunt.

Et laudemus, et superexaltemus eum in sæcula.

Gloria Patri, et Filio, et Spiritui Sancto.

Et laudemus, et superexaltemus eum in sæcula.

Sicut erat in principio, et nunc, et semper, et in sæcula sæculorum. Amen.

Et laudemus, et superexaltemus eum in sæcula.

Oremus. Omnipotens, sanctissime, altissime et summe Deus, summum bonum, omne bonum, totum bonum, qui solus es bonus. Tibi reddamus omnem laudem, omnem gloriam, omnem honorem, omnem benedictionem: et omnia bona tibi referamus semper. *Amen.*

OTRA ORACIÓN.

Dios mío, creo firmemente en la eficacia del sacramento que acabo de recibir; creo que vos me habéis purificado de mi iniquidad y que habéis borrado mis pecados; creo que mi culpa se halla ahora tan distante de mí como lo está el oriente del occidente.

Conozco, Dios mío, que peco siempre de falta de confianza en vos, y que una y otra vez habéis de dirigirme aquel reproche hecho al Apóstol: *hombre de poca fe* [1]. Sin embargo, ved cómo vengo a vos cada semana a pediros la absolución de mis culpas. ¿Hay en esto falta de confianza? ¿Existe siquiera una sombra de duda acerca del perdón que vengo a implorar? ¡Ah, no! Señor y Padre mío amantísimo, yo quiero, yo deseo glorificaros con mi

---

[1] S. Mat. XIV.

fe, con mi esperanza; yo anhelo que después de la confesión podáis decir mirando mis disposiciones: *Grande es tu fe* [1].

Dios mío, confío en vos, confío en vos con toda mi alma.

¡Oh, y cuán fácil es confiar en vos después de la confesión! Os confío mi pasado, mi presente y mi porvenir. Os confío mi alma, mi cuerpo, mi vida y mi muerte, mis tentaciones, mi salvación, mi eternidad; y si algo tuviera más precioso aún que esto, os lo confiaría también, porque deseo glorificaros con esta mi confianza.

¡Dios mío, yo os amo! Os amo con todo mi cora-

---

[1] S. Mat. XV.

zón, con toda mi alma, con toda mi inteligencia y todas mis fuerzas: *¡Dios mío! ¡Dios mío!* ¡Oh, dulcísimo pensamiento el de que, a pesar de las culpas del pasado, seguís siendo *mi* Dios!... Señor, nada más pido en el tiempo ni para la eternidad sino esto: que seáis mío siempre, mío del todo, porque *¿qué tengo yo en el cielo y fuera de ti qué deseo en la tierra? Tú eres el Dios de mi corazón y el Dios que ha de ser mi patrimonio eterno*[1]. Haced, Dios mío, que os glorifique mi amor.

Padre eterno, yo os ofrezco mi alma con todas sus potencias, suplicándoos, me concedáis fuerza para rechazar cuanto se oponga a vues-

---

[1] Salmo LXXII.

tra alabanza, servicio y reverencia, y dispongáis de mí en todo según vuestra santísima voluntad. *¡Sume, Domine, et suscipe!*

Señor mío Jesucristo, yo os ofrezco mi cuerpo con todos sus sentidos, implorando de vuestra infinita sabiduría la prudencia necesaria para advertir y evitar todo aquello que pueda ofender vuestros purísimos ojos, y pidiéndoos dispongáis de mí siempre según los designios de vuestra adorable voluntad. *¡Sume, Domine, et suscipe!*

Espíritu Santo, que procedéis del Padre y del Hijo como afecto de infinito amor, yo os ofrezco mi corazón, con todos sus afectos, y os suplico, por vuestra infinita bondad, que me concedáis la gracia de unirme a vos con fidelidad tan constante, que nunca en lo más mínimo me aparte de vuestro soberano servicio. Disponed de mí en todo según vuestra santísima voluntad. *¡Sume, Domine, et suscipe!*

Soberano Señor de cielos y tierra, con vuestra ayuda y favor hago esta oblación en presencia de vuestra infinita Majestad, en la de la inmaculada Virgen María, y de todos los Santos de la corte celestial.

LETANÍA PARA ANTES O DESPUÉS DE LA CONFESIÓN.

Señor, tened misericordia de nosotros.

Cristo, tened misericordia de nosotros.

Señor, tened misericordia de nosotros.

Dios Padre celestial,—Tened misericordia de nosotros.

Dios Hijo Redentor del mundo,—Tened misericordia de nosotros.

Dios Espíritu Santo,—Tened misericordia de nosotros.

Santa Trinidad, un solo Dios verdadero,—Tened misericordia de nosotros.

Jesús, que viniste a buscar y a salvar a los que estaban perdidos [1],—Ten misericordia de nosotros.

Jesús, que no has venido a llamar a los justos, sino a los pecadores [2],—Ten misericordia de nosotros.

---

[1] S. Luc. XIX.
[2] S. Mat. IX.

Jesús, que no quieres la muerte del pecador [1],*

Jesús, que olvidas nuestras culpas, cuando de ellas nos arrepentimos [2],

Jesús, que llamas a ti, a todos los que andan trabajados y cargados [3],

Jesús, que dijiste, que «los que están sanos no necesitan médico, sino los que están enfermos [4],

Buen Pastor, que has dado la vida por tus ovejas [5],

Buen Pastor, que hallando la oveja perdida, la colocas lleno de gozo sobre tus hombros [6],

Piadoso Samaritano, que vendas nuestras llagas, derra-

---

[1] Ezeq. XVIII.   [2] Jerem. XXXI.
[3] S. Mat. XI.   [4] Ib. IX.
[5] S. Juan X.   [6] S. Luc. XV.
* Ten misericordia de nosotros.

mando sobre ellas aceite y vino [1], *

Jesús, que has sufrido nuestras enfermedades y has llevado nuestros trabajos [2],

Jesús, que fuiste herido por nuestras iniquidades y golpeado por nuestros pecados [3],

Jesús, por cuyas heridas hemos sido curados [4],

Jesús, que eres verdaderamente el Salvador del mundo [5],

Jesús, que siendo elevado atraerás a ti todas las cosas [6],

Jesús, que has prometido que aquel que venga a ti, no será rechazado [7],

---

[1] S. Luc. X.   [2] Isaías LIII.
[3] Ib.   [4] Ib.
[5] S. Juan IV.   [6] Ib. XII.   [7] Ib. VI.
* Ten misericordia de nosotros.

Jesús, por cuya sangre hemos sido nosotros rescatados, y recibido la remisión de los pecados [1], *

Jesús, que has muerto por todos, y te has entregado como redención para todos [2],

Jesús, que me amaste y te entregaste a la muerte por mí [3],

Jesús, que cancelaste la cédula del decreto firmado contra nosotros [4],

Jesús, que lo quitaste de enmedio enclavándolo en la cruz [5],

Jesús, en quien se halla la misericordia y una abundante redención [6],

---

[1] Colos. I.   [2] 2 Cor. V.
[3] Galat. II.   [4] Colos. II.   [5] Ib.
[6] Salmo CXXIX.
* Ten misericordia de nosotros.

LETANÍA.

Jesús, Pontífice eterno, lleno de misericordia, que te compadeces de nuestras flaquezas [1], *

Jesús, de cuya plenitud todos hemos recibido [2],

Jesús, que no te desdeñas de llamarnos hermanos [3],

Jesús, que quisiste ser hecho en todo semejante a tus hermanos [4],

Jesús, Amigo, que amas en todo tiempo [5],

Jesús, hermano nuestro amantísimo [6],

Jesús, que nos has amado con amor eterno [7],

Jesús, paciente y misericordioso, de mucha compasión y fidelísimo [8],

---

[1] Hebr. V. [2] S. Juan I. [3] Hebr. II.
[4] Ib. [5] Prov. XVII. [6] Ib. XVIII.
[7] Jerem. XXX. [8] Jonas IV.
* Ten misericordia de nosotros.

Jesús, que cuando estábamos todavía lejos, corriendo a nuestro encuentro nos echaste los brazos al cuello [1],*

Jesús, llorando ante Jerusalén,

Jesús, conmovido por las lágrimas de la viuda de Naím,

Jesús, sollozando con Marta y María ante el sepulcro de Lázaro,

Jesús, absolviendo y defendiendo a Magdalena,

Jesus, que dijiste a la mujer adúltera: «yo tampoco te condenaré, anda y no peques más en adelante» [2],

Jesús, triste hasta la muerte en Getsemaní,

Jesús, mirando compasivo a Pedro,

---

[1] S. Luc. XV.   [2] S. Juan VIII.
* Ten misericordia de nosotros.

Jesús, que prometiste el paraíso al buen ladrón [1],*

Jesucristo, quien el mismo que ayer, es hoy, y lo será por los siglos de los siglos [2].

Cordero de Dios, que quitas los pecados del mundo,— Perdónanos, Señor.

Cordero de Dios, que quitas los pecados del mundo,— Escúchanos, Señor.

Cordero de Dios, que quitas los pecados del mundo,— Ten misericordia de nosotros, Señor.

℣ Te suplicamos pues, Señor, que ayudes a tus siervos:

℟ A los que has redimido con tu preciosa Sangre.

---

[1] S. Luc. XXIII.   [2] Hebr. XIII.
* Ten misericordia de nosotros.

Oremos. Oh Dios, que has dicho: *Yo soy aquel que borra tus iniquidades, y no recordaré tus pecados* [1]: borra mis culpas, Señor, y olvida para siempre mi pecado. Borra mis iniquidades, para que quede glorificada tu misericordia y la preciosa Sangre de tu Hijo unigénito. Concédeme la gracia de que, ya que se me ha perdonado mucho, sepa amar mucho. Permanece conmigo en las pruebas y tentaciones de mi vida, y fortaléceme de tal modo con tu gracia, que ni la vida ni la muerte, ni criatura alguna, puedan volver a separarme de ti. Así sea.

---

[1] Isaías XLIII.

SANTA COMUNIÓN.

Yo soy el pan de vida[1]—*Quien me come, él vivirá por mí y de mi propia vida*[2].

No es preciso encarecer los motivos que nos inducen a sacar el mayor provecho posible de las visitas del Señor a nuestras almas en la sagrada comunión: la dignidad y la bondad del que viene, la necesidad y bajeza de aquellos a quienes Él viene, la liberalidad con que premia a los que trabajan por prepararse para su venida....

«Su divina Majestad no pagará pobremente el hospe-

---
[1] S. Juan VI.   [2] Ib.

daje, si es bien recibido», dice Santa Teresa; y Dios mismo pronuncia esta hermosa sentencia: *Glorificaré el lugar de mi reposo* [1].

Nosotros sentimos y comprendemos que el Señor merece el mejor recibimiento que podamos darle; queremos que esta bienvenida aumente en fervor, cada vez que Él viene a nuestra alma: lo deseamos así, y sin embargo, a pesar de nuestros deseos, por causa de ellos mismos tal vez, sentimos la necesidad de defendernos de la influencia de la rutina, avivando continuamente nuestra fe, para que la frecuencia de sus visitas y la familiaridad con que nos admite cerca de

---

[1] Isaías LX.

Él, lejos de entibiar nuestro amor y reverencia, los aumenten más y más.

Para conseguir esto, encuentran algunos que es de gran ayuda, el considerar en cada comunión una de las relaciones que tiene Jesucristo con nosotros, y acomodan la preparación y la acción de gracias a los pensamientos y afectos que esta relación les sugiere.

Un pensamiento que ha tenido tiempo de penetrar en lo más íntimo del entendimiento, vale por ciento que sólo hubieran rozado la superficie, sin ahondar más, porque este pensamiento puede producir frutos abundantes, de afectos sinceros del corazón, y firmes propósitos de la voluntad, fines a los cuales han de tender siempre muy especialmente la preparación y el hacimiento de gracias.

Para los que gustan de seguir este método, son las siguientes ideas, ofrecidas no como norma fija a la cual haya que ajustarse, sino como sencillos ejemplos, de los que cada cual puede sacar provecho para sí mismo.

Como en la preparación para la confesión, se supone que todo el asunto no ha de servir para un solo día. Ofrecemos materia para elegir según los distintos gustos y estados de espíritu.

«Los cuartos de hora de acción de gracias después de la sagrada comunión», dice Santa Teresa, «son el tiempo más precioso de nuestras vidas»; y aseguran los teólogos, que mientras permanecen en nosotros las especies sacramentales, recibimos, en virtud del sacramento, gracias proporcionadas al fervor de los actos que hacemos.

Ciertamente que es para nosotros de supremo interés el aprovecharnos de esos *días de salud* y *tiempo aceptable*[1] que nos concede Dios en los momentos dedicados a la acción de gracias. Esos cuartos de hora de valor infinito deben ser empleados dignamente cuanto de nosotros depende, para no desperdiciar ni una sola de las gracias

---
[1] Isaías XLIX.

que el Señor nos destina. No olvidemos la advertencia del Espíritu Santo que dice: *No te prives del día bueno*[1], y recordemos aquellas palabras del mismo Jesucristo a sus apóstoles en Betania: *A mí no me tenéis siempre*[2].

PRIMER EJERCICIO PARA LA SAGRADA COMUNIÓN.

CRISTO NUESTRO SEÑOR, LA SEGUNDA PERSONA DE LA SANTÍSIMA TRINIDAD.

ANTES DE LA COMUNIÓN.

I. *¿Quién viene?*

El Todopoderoso, el Dios infinito, el que siendo Señor de todas las cosas, se hace amable para todos[3].

---

[1] Ecles. XIV. [2] S. Juan XII.
[3] Sabid. XII.

El pecado trajo al mundo la idea de un Dios severo e inflexible. *En el principio* los corazones de Adán y de Eva saltaban de gozo, *cuando oían la voz del Señor, que paseaba por el paraíso a la hora de la tarde*[1]. Se regocijaban en aquella proximidad, en el trato familiar con aquel a quien amaban.

Pero vino el pecado y todo cambió. Los hombres comenzaron a imaginarse al Dios que los había creado, como un tirano cruel al que sólo se podían acercar llenos de terror, para aplacar su cólera con cruentos sacrificios. Por desgracia, millones de hombres siguen en nuestros días pensando lo mismo, siguen te-

---
[1] Genes III.

niendo esos sentimientos indignos de los verdaderos hijos de Dios. Conservan una vaga idea de aquella lejana enemistad del Creador con sus criaturas, e ignoran por completo la reconciliación sublime, realizada por el que *es nuestra paz, el que de los dos pueblos ha hecho uno, rompiendo por medio del sacrificio de su carne el muro de separación, esa enemistad que los dividía*[1], *y por medio de la sangre que derramó en la cruz*[2] ha unido la tierra con el cielo.

¿Cuáles deben ser mis sentimientos, sabiendo como sé todo esto tan bien, conociendo hasta dónde se extendió la misericordia divina para rea-

---

[1] Efes. II.   [2] Colos. I.

lizar esa reconciliación, y hasta qué abismos bajó el Creador para darnos el beso de paz? Aquella dulce intimidad de Adán y Eva con el Señor en el paraíso, no era sino un hermoso presagio de la sublime unión que se verifica en la sagrada mesa.

¡Oh, Dios mío, Dios mío! vos que os dignáis tomar en cuenta los pensamientos de vuestras criaturas, dádmelos en estos momentos, dignos de una hija vuestra, dignos de esta pobre sierva que maravillosamente creasteis, y más maravillosamente aún redimisteis un día.... Si pensara en vos como en un Dios cruel, sabiendo todo lo que por mí habéis hecho, merecería hallarme entre los que *serán justamente castigados, porque no pensaron bien de Dios*[1]. Señor, no quiero haceros esa ofensa, y cualquiera que sea el castigo que merezca, no habrá de ser por esta culpa. *Oh, Señor, Padre y Dios de mi vida*[2]*: yo alabaré tu nombre continuamente y lo alabaré con gratitud*[3]. *Mi esperanza no será la del desagradecido*[4]. *Tú me has salvado de la destrucción y me has libertado del día malo, por eso yo te daré gracias, y te alabaré, y bendeciré el nombre del Señor*[5], *y con todas mis fuerzas amaré a aquel que me creó*[6].

¡Qué bondad debe ser la que nos procuró redención

---

[1] Sabid. XIV.   [2] Ecles. XXIII.
[3] Ib. LI.   [4] Sabid. XVI.
[5] Ecles. LI.   [6] Ib. VII.

tan admirable! ¡Qué cúmulo de infinitas perfecciones encerrará en sí misma! Señor, Señor, ¡qué soberano misterio de amor es este que os hace ser para nosotros bondad suma, misericordia inefable! ¡Oh, Dios y Señor nuestro, único Bien mío! *¿quién hay semejante a ti?*[1] Justo y equitativo es que los bienaventurados exclamen con el príncipe de las angélicas huestes, y llenos de santo orgullo ante vuestras grandezas y perfecciones: «¡Quién como Dios!»

La salvación se debe a nuestro Dios, que está sentado en el solio, y al Cordero. Amén. Bendición, y gloria y sabiduría y acción de gracias, honra y poder y

---
[1] Salmo XXXIV.

fortaleza a nuestro Dios por los siglos de los siglos. Amén[1].

II. ¿A quién viene?

El Dios todopoderoso, por quien fueron hechas todas las cosas, viene a su pobre sierva, pecadora, totalmente indigna de él, mil veces ingrata a sus beneficios, pero criatura suya, y amada por él con el bendito y constante amor del Creador ... amada, no obstante ser tan culpable su pasado.

El Verbo hecho carne por redimirnos viene a la que muchas veces ha despreciado el fruto precioso de su pasión y muerte; sierva inútil, discípula infiel, pero que en estos momentos sólo desea de-

---

[1] Apoc. VII.

volver a su Señor y Maestro, amor por amor, ser toda suya, únicamente suya, como lo pide su divino Corazón.

El manantial de todas las gracias viene a la que tantas veces le ha apenado, haciéndose sorda a sus insinuaciones, al impulso que inspiraba deseos de dones mejores, de vida más generosa en el servicio de Dios, siguiendo el camino elevado de la perfección.

¿Ocurrirá esto siempre? Venid, Señor, llevadme donde queráis.

CONTRICIÓN.

Yo he criado hijos y los exalté, pero ellos me despreciaron[1].—*Has abandonado al Dios que te engendró, y*

---
[1] Isaías I.

has olvidado al Señor que te creó[1].

A mí se dirigen, Dios mío, estos tiernos reproches. ¡Os he abandonado, Dios mío y Creador mío, os he abandonado, Dios mío y Padre mío! Hasta tal punto me exaltasteis, que me hicisteis hija vuestra, sólo un poco inferior a vuestros ángeles; y yo olvidando todo esto, os ofendí, tomé en mis manos aquellos dones vuestros y me alejé de vos como el hijo pródigo, para gastar en tierra extranjera mi patrimonio celestial. ¿Cómo habéis podido, Señor, no cansaros de mi ingratitud, sino llamarme una y otra vez, y esperarme, y salirme al en-

---
[1] Deut. XXXII.

cuentro para estrecharme de nuevo sobre vuestro Corazón? ¡Ah! verdad es que *perdonas a todos, porque son tuyos, oh Señor, que amas las almas* [1].

Criador y Padre mío, me arrepiento desde el fondo de mi alma de todos mis pecados, especialmente de los de mi infancia y juventud, de los cometidos cuando andaba errante lejos de vos. Deseo hacer un acto de intenso dolor por todos ellos. He pecado innumerables veces en mi vida, Señor, pero, ¿qué haré, a quién acudiré *si no es a ti, mi Dios?* Infundid en mi corazón el arrepentimiento confiado y tierno del hijo pródigo, y dignaos aceptar mi vida pasada que

---
[1] Sabid. XI.

fío a vuestra misericordia sin límites, y mi porvenir que pongo en manos de vuestra amorosa providencia. Guardadme, Señor, de caer de nuevo en pecado; no permitáis que me aparte de vos, y después haced de mí y de todo lo mío lo que os plazca. Quiero no tener más deseo que el de abandonarme toda a vos, y si algún otro me queda en el corazón, que sea el de morir un día de dolor por haberos ofendido.

III. *¿Para qué viene?*

Para infundirme con su abrazo divino nueva dicha y mayor esperanza en su misericordia; para guiar mis vacilantes pasos; para que pueda apoyarme en su omnipotencia; para que sienta en medio de mi flaqueza que *debajo están los brazos que sostienen siempre*[1].

Viene para ayudarme a alcanzar el noble fin para el cual me creó; para que *sea digna del estado a que he sido llamada*[2], y en el cual he de alabar, servir y reverenciar a Dios lo más perfectamente que pueda. Como para esto necesito gracias especialísimas, he aquí que el Señor deja su cielo y viene a mí: *Veni, Domine, noli tardare!*

Viene a renovar en mi alma el fruto de su redención, a oir de nuevo mis promesas, mis deseos... a unirme íntimamente con él, para que, según su palabra,

---
[1] Deut. XXXIII.   [2] Efes. IV.

viva yo por él, sea él mi prenda de vida eterna y me resucite en el último día: *Veni Iesu Domine!*

Viene a tomar de nuevo posesión de lo que en un principio fué suyo, a purificar su santuario y a hacerlo habitación de Dios, lugar de su reposo. Viene a consagrar otra vez a su servicio mi cuerpo con todos sus sentidos, mi alma con sus potencias, uniéndose a mí de modo tan íntimo, que sólo él puede comprenderlo, y preparándome así para esa otra unión que me tiene destinada en la vida eterna: *Veni, dator munerum!*

ESPERANZA Y DESEO.

Todas las cosas buenas me vienen de vos, Dios mío,

porque al daros a mí, me dais con vos todo bien: sabiduría, amor, santidad, gozo, paz, paciencia, dulzura ... la esencia de todos estos bienes entrará en mi alma cuando en ella entréis vos, bondad y belleza suma....

Tu es fortis; Tu es magnus; Tu es altissimus.

Tu es bonus, omne bonum, summum bonum, Domine Deus, unus et verus.

Tu es amor et charitas; Tu es humilitas; Tu es patientia; Tu es pulchritudo.

Tu es securitas; Tu es quies; Tu es gaudium; Tu es spes nostra et lætitia; Tu es fortitudo et prudentia.

Omnipotens, sanctissime, altissime et summe Deus, summum bonum, omne bonum, totum bonum, qui solus es bonus. Tibi reddamus omnem laudem, omnem gloriam, omnem honorem, omnem benedictionem et omnia bona tibi referamus semper. Amén.

DESPUÉS DE LA COMUNIÓN.

ADORACIÓN.

Os adoro, Santísima Trinidad, Unidad en la Trinidad, y Trinidad en la Unidad, misterio el más alto, el más sublime, el más admirable de nuestra fe.

Os adoro, Padre eterno. *Padre de Nuestro Señor Jesucristo, que sois el principio y la cabeza de toda esta gran familia que está en el cielo y sobre la tierra* [1].

---
[1] Efes. III.

¡*Padre nuestro que estás en los cielos!*

Os amo y os adoro en unión de vuestro Hijo y del Espíritu Santo, y me entrego toda en vuestras manos para siempre.

Sume, Domine, et suscipe!

Os adoro, Señor mío Jesucristo, Dios de Dios, luz de luz, verdadero Dios de Dios verdadero, hermano mío por la Encarnación, Esposo mío, Redentor mío, Maestro mío, mi Todo en todas las cosas.

Os amo y os adoro en unión del Padre y del Espíritu Santo, y me entrego a vuestro divino Corazón para siempre.

Sume, Domine, et suscipe!

Os adoro, Espíritu Santísimo, que procedéis del Padre

y del Hijo, y que sois mi Consejero, mi Fortaleza y mi Consolador.

Os amo y os adoro en unión del Padre y del Hijo, de quienes sois el Amor increado, me abandono por completo a vuestra voluntad, para conformarme con ella en todas las cosas, ahora y siempre.

Sume, Domine, et suscipe!

Venid, adoremos y postrémonos ante el Señor que nos hizo, porque es el Señor Dios nuestro [1].

Adoro te devote, latens Deitas.

Os adoro, Señor, Creador mío, Dios mío, mi Salvador, mi Redentor y Santificador, Trinidad bendítisima.

---

[1] Salmo XCIV.

Santo, santo, santo, Señor Dios de los ejércitos; llenos están los cielos y la tierra de vuestra gloria. Gloria al Padre, gloria al Hijo, gloria al Espíritu Santo. (100 días de indulg.)

Gloria al Padre, que me creó por amor.

Gloria al Hijo, que me redimió por amor.

Gloria al Espíritu Santo, que me santificó en el amor y me reservó gracias de predilección.

Gloria a la Santísima Trinidad, un solo Dios, por los siglos de los siglos. Amén.

Laudamus te; benedicimus te; adoramus te; glorificamus te. Gratias agimus tibi, propter magnam gloriam tuam.

ACCIÓN DE GRACIAS.

Te Deum laudamus, te Dominum confitemur.

Te æternum Patrem, omnis terra veneratur:

Patrem immensæ maiestatis.

Venerandum tuum verum et unicum Filium.

Sanctum quoque Paraclitum Spiritum.

Benedicamus Patrem et Filium, cum Sancto Spiritu. Laudemus et superexaltemus eum in sæcula.

Benedicta sit Sancta Trinitas et indivisa Unitas, una Deitas!

¡Oh, vosotros ángeles del Señor! bendecid al Señor, alabadle y ensalzadle sobre todo, eternamente.

¡Oh, vosotros hijos de los hombres! bendecid al Señor, alabadle y ensalzadle sobre todas las cosas eternamente.

¡Oh, vosotros siervos del Señor! bendecid al Señor, alabadle y ensalzadle sobre todas las cosas eternamente.

¡Oh, vosotros espíritus y almas de los justos! bendecid al Señor, alabadle y ensalzadle sobre todas las cosas eternamente.

¡Oh, vosotros santos y humildes de corazón! bendecid al Señor, alabadle y ensalzadle sobre todas las cosas eternamente.

Dad gracias al Señor, porque él es bueno, porque su misericordia dura por los siglos de los siglos.

¡Oh, vosotros todos! bendecid al Señor, alabadle y dadle gracias, porque su misericordia dura eternamente [1].

AMOR.

¿No es él tu padre, el que te ha poseído, el que te ha hecho, el que te ha creado? [2]

Ya no sois de vosotros, puesto que fuisteis comprados a gran precio [3].

¿No sabéis vosotros que sois templo de Dios y que el Espíritu de Dios mora en vosotros? [4]

¿A quién pertenezco, Dios mío, si no os pertenezco? ¿Quién puede tener, fuera de vos, el menor derecho sobre mí? Soy vuestra por mi creación, por mi redención,

---

[1] Daniel III, 58—90.   [2] Deut. XXII.
[3] I Cor. VI.   [4] Ib. III.

por mi santificación, por mi consagración a vos en la vida espiritual.

Todos estos títulos de propiedad que tenéis sobre mí, se aumentan considerablemente con el peso infinito de vuestra misericordia y de vuestro amor. ¡Cuánto me habéis amado, Señor, y cuántos motivos tengo yo para amaros! El amor se muestra con obras, con la comunicación de bienes, y el vuestro, Señor, bien puede afrontar cualquier prueba, por ardua que sea. Ah, dejadme que recuerde la larga serie de beneficios de vos recibidos durante mi vida, dejadme que me consuele pensando en esa historia oculta de vuestras íntimas comunicaciones con mi alma; aquellas ocasiones, la ayuda en momentos difíciles, la atracción perseverante, la espera pacientísima que a veces se ha prolongado tanto ... en una palabra, todo lo que constituye mi vida interior, ese secreto entre vos y yo, que no acertaría a explicar con palabras humanas.

En verdad, que tengo motivos grandes para amaros, Dios mío, y una y otra vez os repito que os amo. ¡Os amo, Dios mío y mi Todo!

Pero, ¿y las pruebas de este amor? El amor se demuestra con actos, y así me habéis mostrado el vuestro, Jesús mío. ¿Dónde hallar las pruebas del mío?

Abundan las resoluciones que formo por la mañana, pero llega la noche y casi ninguna he puesto en práctica. ¿Dónde está el trabajo realizado por vuestra causa? ¿dónde mi sumisión a vuestra voluntad en todo? ¿dónde mi unión con vos, la alegría en vuestro servicio, el amor a vos por vos mismo, el espíritu de sacrificio que es la esencia y el alimento del amor?

¡Ah, Señor! mucho habéis hecho por mí, pero todavía podéis hacer mucho más. Libradme de mí misma, de la propia voluntad que usurpa vuestro trono en mi alma. Tomad, Señor, lo que es vuestro.

Ángeles y Arcángeles, Tronos y Dominaciones, Principados y Potestades, Virtudes del cielo, Querubines y Serafines, adorad a nuestro Dios por mí, dadle gracias y amadle por mí. Patriarcas y Profetas, Apóstoles, y vosotros Mártires de Cristo, santos Confesores, Vírgenes del Señor, Santos todos de la gloria, adoradle, dadle gracias, amadle por mí.

Inmaculada Madre de Dios, adorad a vuestro Hijo por mí, dadle gracias, amadle, como yo quisiera hacerlo.

Corazón sagrado de Jesús, sé tú mi adoración y mi acción de gracias para con las tres divinas Personas, que en estos momentos habitan en mí.

Padre eterno, mirad el rostro de vuestro Cristo. Por

él, con él y en él, os sea dado en unidad del Espíritu Santo, todo honor y toda gloria. Amén.

PETICIÓN.

¡Qué dicha para mí, Señor, es ésta de sentir que vuestra mirada penetra hasta lo más recóndito de mi alma! Si bien es verdad que debiera temer esa mirada divina, porque sé lo que descubrís en mi alma, me complace consideraros como mi testigo íntimo, saber que habéis *comprendido mis pensamientos*[1], que no existe en mí cosa alguna que pueda esconder a vuestros ojos, aunque quisiera hacerlo. Soy culpable, indigna, miserable, y me alegro, Señor, de que

---

[1] Salmo CXXXVIII.

conozcáis todas mis miserias, de que no exista entre vos y yo, ningún secreto.

Por eso os traigo aquí mi pobre corazón y lo abro por entero ante vos. Conocéis todas sus necesidades, sus flaquezas, sus deseos, sabéis lo que es, y lo que debiera ser, lo que vos queréis que sea.... Tomadlo en vuestras divinas manos, transformadlo, ya que podéis y queréis hacerlo así. Puesto que sois su Creador, bien claramente advertís lo que anda desquiciado en este corazón, qué es lo que debe arrancarse de él, cómo han de encauzarse sus encontrados y tantas veces inconstantes sentimientos. Hicisteis, Señor, para vos sólo, esta alma mía:

enviad a ella esa gracia divina que todo lo transforma, para hacerla más y más vuestra.

Vuestras intenciones son las mías, Señor, porque os pertenecen. Por todas y cada una de ellas me intereso y os pido. Por los intereses de vuestra mayor gloria, por el cumplimiento de vuestra voluntad en el mundo, por la extensión y el advenimiento de vuestro reinado en la tierra y en las naciones: por todo esto os ruego. Y también por la Iglesia purgante, por las benditas almas que esperan, purificándose de sus culpas, la entrada en el cielo, y por la Iglesia militante, con todas sus necesidades casi infinitas. Os encomiendo muy especialmente las del soberano Pontífice, porque es muy pesada la carga que gravita sobre sus hombros, viendo además debilitadas sus fuerzas, limitados sus recursos y coaligados contra él los poderes del mundo. Ayudadle vos, Dios todopoderoso, y sostenedle. Ayudad también con vuestra gracia a todos los pastores de la Iglesia, a los príncipes y gobernantes de los pueblos, a cuantos pueden procurar o impedir el bien de las almas. Os pido por todos los que trabajan en vuestra viña, soportando muchos de ellos el peso y el calor del día. Para todos imploro vuestra misericordia, vuestra bendición y vuestra ayuda.

OFRECIMIENTO.

¿Qué puedo daros, Dios mío, en pago de lo que vos me habéis dado? ¡Ha sido tanto, y yo puedo tan poco!

Os entrego todo mi ser, mi cuerpo con todos sus sentidos, mi alma con sus potencias, mi corazón con sus afectos, mis propósitos, mis resoluciones. Os entrego cuanto soy y cuanto tengo, para el tiempo y para la eternidad.

Os confío también todos los que constituyen el tesoro de mi corazón, cuantos me son queridos, cuantos me están en cierto modo encomendados. Pongo a todos y a cada uno de ellos bajo la especialísima protección de vuestra divina Providencia.

Y todavía me queda algo más que entregaros, algo más que arrojar con inmensa confianza en el abismo de amor de vuestro Corazón divino: mis tentaciones, las gracias recibidas, mis responsabilidades, las ocasiones de merecer; en una palabra, os confío el gran negocio de mi adelantamiento en el camino de la perfección, ese deseo de unión más íntima y constante con vos, que atormenta mi corazón hace ya tanto tiempo.

Padre mío, realizad por fin en mi alma el ideal que, al crearla, ocupó vuestra mente divina, ese designio soberano que, después de tantos beneficios recibidos, fuera ingratitud suma en mí, dejar incumplido. No permitáis, Señor, que yo defraude vuestros deseos, no llegando al fin que me habéis señalado.

Iesu, quem velatum nunc aspicio,
Oro, fiat illud, quod tam sitio,
Ut Te revelata cernens facie,
Visu sim beatus tuæ gloriæ.
Amen.

¡Oh Jesús, a quien hoy velado miro,
Hágase lo que tanto yo suspiro!
Para que sea, al verte claramente
En la gloria, dichoso eternamente. Así sea.

Récese la oración «*Miradme, oh mi amado y buen Jesús*», etc.

SEGUNDO EJERCICIO PARA LA COMUNIÓN.

CRISTO NUESTRO SEÑOR, JUEZ DE VIVOS Y MUERTOS.

Compónte luego con tu adversario, mientras estás con él todavía en el camino [1].

ANTES DE LA COMUNIÓN.

¿Quién viene?

Duro es pensar en vos, Señor, como en un adversario, porque si no sois vos nuestro abogado y nuestro amigo, ¿a quién iremos? *Si examinas, Señor, mi iniquidad, ¿quién podrá subsistir en tu presencia?* [2]

Y sin embargo, puesto que la palabra *adversario* designa a aquel que tiene grandes

---

[1] S. Mat. v, 25.   [2] Salmo L.

motivos de enojo contra otro, fuerza será reconocer que la palabra es justa, y apropiarnos con temor el consejo del Evangelio, emanado de labios del Maestro.

En esas palabras suyas palpita el amor, como en todas las que nos ha dirigido. Sus consejos nos vienen directos del Corazón sagrado, que tanto nos ama, y suavizan hasta sus más severas amonestaciones. En este consejo: *compónte luego con tu adversario, mientras estás con él en el camino;* sentimos vibrar el acento de ese amor divino, porque aun siendo nuestro adversario, se pone de parte nuestra, uniéndose con nosotros en este camino que nos acerca al tribunal del juicio, e instándonos para que nos reconciliemos con él, mientras es tiempo de hacerlo.

ACTO DE FE.

Creo, Dios mío, que vos que en breve seréis mi Juez, venís ahora como Amigo a visitarme y a enseñarme de qué manera podré salir justificada de aquel terrible juicio que ha de decidir mi suerte eterna.

¿Cómo podré, Señor, agradeceros bastante tanta bondad?

Deseo recibiros con profundo amor y gratitud: ayudadme ahora a aplacar vuestra justicia y a conmover vuestra misericordia, con fervorosa oración, para que así, cuando llegue aquel día tremendo, en el cual no habrá ya lugar para arrepentimiento, pueda sin temor presentarme ante vos.

Iuste Iudex ultionis,
Donum fac remissionis
Ante diem rationis.

Rex tremendæ maiestatis,
Qui salvandos salvas gratis,
Salva me, fons pietatis.

Justo Juez de las venganzas:
Remitid las culpas mías,
Antes que de vuestro juicio
Llegue aquel tremendo día.

Rey de Majestad tremenda,
Vos, que dais la eterna vida:
Graciosamente salvadme,
Fuente de piedad divina.

¿A quién viene?
A mí, que tantos motivos tengo para temer su venida,

ya que he sido sierva inútil, y no pocas veces infiel.

Si Job pudo decir: *Sé que si soy juzgado, seré hallado justo*[1], yo en cambio doy testimonio bien distinto de mí misma, porque *he pecado gravemente por pensamiento, palabra y obra, por mi culpa, por mi culpa, por mi gravísima culpa.*

Exclamaré con David: *Ten compasión de mí, Señor, según tu gran misericordia;* y con el publicano: *Oh Señor, tened compasión de mí, pecadora.*

Dios mío, ¿cómo es posible que el demonio pueda tentar de orgullo el alma del moribundo? Estando vecino el juicio, iluminado ya el lecho mortuorio con la

---
[1] Job XIII.

deslumbradora luz de vuestra Divinidad, ¿cómo puede el alma sentir orgullo? ¿cómo conservar siquiera serenidad?

Pues si esto parece imposible en aquellos instantes, ¿por qué ahora no lo es? Vuestro juicio está siempre próximo, la luz de vuestro trono nos ilumina constantemente; mi vida, y cada acto de mi vida está siendo confrontado con vuestra santidad, de modo que *ahora* es cuando se está verificando el cómputo, y formulándose el juicio que confirmará el que ha de celebrarse después de la muerte. Por eso es este juicio de ahora en cierto modo de más importancia que aquel otro que tanto temo. En éste puedo tener alguna influencia, puedo hacer que sea juicio de misericordia, mientras que el otro será de sola justicia, sin atenuaciones ni compasión alguna.

Ea pues, alma mía, vamos a vivir en adelante en el estado en que quisiéramos hallarnos cuando venga el Señor a juzgarnos. Estemos siempre en espera de él, atisbando su llegada, preparadas para recibirle. Guardemos siempre en el corazón aquella palabra suya que tanto dice: *¡Velad!*

ACTO DE HUMILDAD.

Viene a mí aquel que es Juez de vivos y muertos. Si ante él se estremecen las columnas del cielo, y velan sus rostros los ángeles más encumbrados, ¿dónde iré yo a ocultarme de su vista? Iré a dos lugares bien seguros: a las profundidades de mi miseria, humillándome, y al Corazón de mi Juez para en él esconderme y abismarme en su amor.

Quid sum miser tunc dicturus?
Quem patronum rogaturus?
Cum vix iustus sit securus?

¿Que haré yo cuitado entonces?
¿Quien habrá que por mí pida,
Cuando en el juicio supremo
El justo apenas respira?

ACTO DE CONTRICIÓN.

No me arrojéis, Señor, de vuestra presencia por causa

de mis culpas, de esas culpas que una y otra vez he reconocido ante vos, por las que he hecho tantos actos de contrición, y por las que hago ahora uno especialísimo....

Señor, mi eternidad depende de la primera palabra que pronunciéis sobre mí, después que haya muerto. Oh, Juez mío y Salvador mío, preciso es que esa palabra sea: *¡ven!* No podrá vuestro Corazón divino rechazarme; sabréis hallar para mi pobre alma un rinconcito en el lugar de la expiación, donde se purifique para el cielo. Sí, Dios mío, la paciencia divina que me esperó tanto tiempo, seguirá esperándome hasta que el fuego purificador haya realizado su obra. Entonces *extenderás tu diestra a la obra de tus manos* [1] y me diréis de nuevo: ¡ven!

Ingemisco tanquam reus,
Culpa rubet vultus meus,
Supplicanti parce, Deus.

Qui Mariam absolvisti,
Et latronem exaudisti,
Mihi quoque spem dedisti.

Gimo y lloro como reo
Y me avergüenzo a la vista
De mis pecados, ¡Dios mío!
Perdona al que te suplica,

Tú, que oíste al Buen Ladrón,
Y perdonaste a María:
En ellos me diste a mí
Esperanza firme y fija
De conseguir el perdón.

---
[1] Job XIV.

¿Para qué viene?

Compónte luego con tu adversario, mientras estás con él en el camino. Para eso viene, para ofrecerme la mejor ocasión que puedo hallar de saldar con él mis cuentas, mientras me acompaña en el camino de la vida, y es bajo mi techo, huésped agradecido a mi hospitalidad, prisionero de mi corazón. ¿Puede darse oportunidad más favorable? ¿Cuándo haré actos de contrición más sinceros y perfectos, que ahora que está él conmigo, ayudándome, inspirándome?

Y una vez perdonada, olvidará todas mis ofensas. Por eso viene a mi alma diariamente, para que queden perdonadas las culpas cotidianas debidas a mi fragilidad, y no haya cuenta alguna atrasada que examinar el día del juicio.

Si yo sé hacer buen uso de estas visitas de misericordia que él me hace, cuando haya pasado el tiempo de la tregua y llegue aquel terrible escrutinio que ha de hacerse en mi alma, ¿no podré soportarlo con confianza? ¿no me presentaré sin temor ante mi Juez, reconociendo en él al Amigo que me acompañó durante el viaje de la vida?

ACTO DE ESPERANZA Y DE DESEO.

Ciertamente Señor, que si alguien tiene motivos para confiar ciegamente en vos, esa soy yo. Porque otros podrán apoyarse en la inocencia de sus vidas, o en sus virtudes, pero yo no tengo más esperanza que la que me inspira vuestra infinita misericordia. Verdad es que me he hecho indigna de ella, pero ¿cuándo me habéis tratado Señor según lo tenía merecido? ¿Dónde estaría yo ahora si se hubiese cumplido justicia en mí? ¡Oh sí, confío en vos y espero en vos, Dios mío! Si yo pudiera escoger el Juez que ha de sentenciar mi eternidad, os escogería a vos sólo, Señor, porque aunque sé, que *horrenda cosa es, por cierto, caer en manos del Dios vivo*[1], sin embargo, en ellas quiero yo caer el día de mi muerte, porque mi

---

[1] Hebr. x.

alma es *una*, y solamente en manos de aquel que la creó, puedo entregarla con confianza. *Tus manos me han hecho y me han dado forma*[1] *En tus manos encomiendo mi espíritu*[2].

Recordare, Iesu pie,
Quod sum causa tuæ viæ,
Ne me perdas illa die.

Quærens me, sedisti lassus;
Redemisti, crucem passus:
Tantus labor non sit cassus.

Piadoso Jesús, no olvides
Que por mí fué tu venida,
No permitas que te pierda.

Si en buscarme te cansaste
Y padeciste ignominia
En la Cruz por redimirme:
No se frustren tus fatigas.

---

[1] Job X. [2] Salmo XXX.

DESPUÉS DE COMULGAR.

ADORACIÓN.

Os adoro, Juez de vivos y muertos, ante quien he de presentarme temblando en la hora de la muerte.

Os adoro, Juez mío, que venís hoy a mi alma, en visita de misericordia. Tened piedad de mí y salvadme.

Os adoro, compasivo Adversario mío, dispuesto a reconciliaros conmigo mientras estamos juntos en el camino.

Os adoro, Juez mío y Abogado mío, y pongo mi causa en vuestras manos, bendiciendo desde ahora la sentencia misericordiosa que formularéis sobre mí un día.

ACCIÓN DE GRACIAS.

Bendito sea Jesucristo, verdadero Dios y verdadero Hombre.

Bendito sea el nombre de Jesús.

Bendito sea su sacratísimo Corazón.

Bendito sea Jesucristo en el Santísimo Sacramento del Altar, Sacramento santo, Sacramento divino.

A ti sea dada gloria y acción de gracias en todo momento.

Alaba al Señor, alma mía; toda mi vida alabaré al Señor y cantaré a mi Dios, mientras yo exista [1].

Alabadle, vosotros Ángeles suyos; alabadle todas sus Huestes [2]. — *El Señor es*

---
[1] Salmo CXLV.   [2] Salmo CXLVIII.

grande y digno de toda alabanza[1[.—*Oh alma mía, bendice al Señor*[2].—*Dad gloria al Señor, porque es bueno, porque su misericordia dura eternamente*[3].

AMOR.

¡Dios mío, si pudiera en estos momentos venir a vos como vino María Magdalena en su arrepentimiento, y consolar vuestro Corazón como ella lo consoló! ¡Cuál debió ser aquel torrente de lágrimas que *lavaron vuestros pies*! ¡Qué amor, el de aquellos besos que *no cesaban*!

¡Oh dichosa María! ¡Oh dulcísima comunión reparadora! ¡Oh bendita unión ésta, de contrición y de amor!

---

[1] Salmo XCV.   [2] Salmo CIII.
[3] Salmo CVI.

¡Señor! ¿puedo esperar consolaros alguna vez como ella lo hizo?

Ángeles y Arcángeles, etc. (pág. 113).

PETICIÓN.

Habéis venido a mi alma, Señor, para *componeros conmigo mientras estamos juntos en el camino*, o sea para estar a mi disposición y para dejar en mis manos la sentencia de mi eternidad.

Seguramente, Señor, que he de cobrar confianza en el día del juicio viéndoos prepararme vos mismo para él durante mi vida, sabiendo que habéis examinado mi causa una y otra vez, que habéis intercedido por mí, que me habéis inspirado sentimientos de arrepentimiento, llegando hasta a unir vuestro dolor con el mío. Pero haced, Señor, que yo sepa aprovecharme de estas visitas vuestras en el *tiempo aceptable*, en los *días de salud*, que son mis días de Comunión.

¡Dios mío! ¿no hemos de poder llegar a un acuerdo? Vos deseáis mi amor, con deseo infinito, yo no deseo ninguna cosa tanto, como amaros. Dadme vuestro amor y vuestra gracia, y nada más quiero. He aquí nuestro acuerdo enteramente cumplido.

Tened piedad, Jesús mío, de las muchedumbres que nunca piensan en vos como en Juez supremo, piedad de los que, estando fuera de la

Iglesia, no tienen sino una débil creencia en el juicio venidero, piedad de los hijos que, aunque creyendo firmemente en vos y en que se aproxima vuestro juicio y llega pronto, ni piensan en ello ni se preparan para tan terrible prueba.

Acordaos, Señor, de que «queréis» *que todos los hombres se salven y vengan en conocimiento de la verdad*[1], de que habéis muerto por todos, y puesto que *la tierra está desolada, porque no hay nadie que considere en su corazón*[2]; despertad la fe en los corazones de los hombres, y dadles gracia para que creyendo con firmeza y prácticamente en ese juicio, que ha

---
[1] I Timot. II.   [2] Jerem. XII.

de llegar para todos algún día, se preparen, mientras quede tiempo, a momento tan decisivo para la eternidad.

Ofrecimiento (pág. 119).

TERCER EJERCICIO PARA LA COMUNIÓN.

CRISTO, SALVADOR DEL MUNDO.

Mira: tu Salvador llega[1].

ANTES DE LA COMUNIÓN.

¿Quién viene?

Pensemos en lo que significa el castigo horrendo del pecado no perdonado, que Dios llama *destrucción*, porque lo es en efecto; destrucción y ruina espantosas, que la humana inteligencia no acierta a medir en toda su

---

[1] Isaías LXII.

extensión, y refugiémonos con gratitud en esa otra palabra tan distinta, con la que definimos la felicidad suprema del alma: *¡Salvación!* La que nos abre el cielo, la que nos libra de la muerte eterna. Salvador es el nombre por antonomasia del Verbo encarnado por amor nuestro. El es nuestro Rey, nuestro Maestro, nuestro Juez, Amigo y Compañero, el Camino, la Verdad y la Vida. Es nuestro Alimento, nuestro Tesoro, nuestro último Fin. Pero ante todo y sobre todo es nuestro Salvador, y ante ese nombre, toda rodilla se dobla en el cielo, en la tierra y en los infiernos: *A quien pondrás por nombre Jesús, pues él es el que ha de* *salvar a su pueblo de sus pecados* [1].

Creo en Dios Padre todopoderoso, Creador del cielo y de la tierra ... y en Jesucristo el Unigénito de Dios, nacido del Padre antes de todos los siglos, el cual por nosotros y *por nuestra salvación* descendió del cielo y se hizo hombre.

¿A quién viene?

Viene a una raza desterrada en este valle de miseria, por haber perdido su alta dignidad de hija de Dios. Viene a pecadores que han añadido nuevas culpas a su pecado de origen. *Cristo nos amó y se entregó por nosotros* [2] restableciendo la paz

---

[1] S. Mat. I, 21.   [2] Efes. V.

entre cielo y tierra por medio de la sangre que derramó en la cruz[1], *cancelando la cédula del decreto firmado contra nosotros, enclavándolo en la cruz*[2].

Viene a todos los pecadores: *Cristo murió por todos*[3]; *se dió a sí mismo en rescate por todos*[4].

Así pues, Jesús viene a mí: *me amó y se entregó por mí*[5]. — *Cristo Jesús vino a este mundo para salvar a los pecadores, de los cuales el primero soy yo*[6]. — *Ningún hermano puede redimir, ni ningún hombre redimirá: no dará a Dios su rescate, ni el precio de la redención de*

---

[1] Colos. I.   [2] Ib. II.
[3] 2 Cor. V.   [4] I Timot. II.
[5] Galat. II.   [6] I Timot. I.

su rescate, ni el precio de la redención de su alma [1].

Pero se halló un Redentor para el humano linaje: *Que amó tanto Dios al mundo, que no paró hasta dar a su Hijo unigénito, a fin que todos los que creen en él no perezcan sino que vivan vida eterna* [2].

AFECTOS DE HUMILDAD Y DE CONTRICIÓN.

Jesús mío, sed para mí Jesús, y salvadme. Recordad que habéis dicho: *El hijo del hombre ha venido a buscar y a salvar lo que había perecido* [3]. *No son los que están sanos, sino los enfermos, los que necesitan de médico. Los pecadores son, y no los justos,*

---
[1] Salmo XLVIII.   [2] S. Juan III.
[3] S. Luc. XIX.

a quienes he venido yo a llamar a penitencia [1]. Maestro, heme aquí. Sabéis que estoy enferma, que soy pecadora. Venid a mí, y decidme: *Yo soy tu salvación* [2].

Señor, vos habéis llevado el peso de mis pecados y habéis orado por mí. Oh, Salvador misericordiosísimo, me arrepiento intensamente de todas las faltas de mi vida pasada, especialmente de aquellas con las cuales hice daño a las almas que vos amais, por mi mal ejemplo, por mis negligencias e indiferencias. Me duelo de cualesquiera pérdida o daño espiritual que otros hayan podido sufrir por causa mía. Os ruego, Señor, que derraméis sobre

---
[1] S. Mat. IX.   [2] Salmo XXXIV.

ellos, en compensación de ese daño que yo les hice, los infinitos tesoros de gracias que guarda vuestro Corazón divino para los hombres todos.

Pie Pelicane, Iesu Domine,
Me immundum munda tuo
sanguine.
Cujus una stilla salvum facere
Totum mundum quit ab omni
scelere.

Con tu sangre, Pelicano sagrado,
Lávame de las manchas del pecado;
Pues, una sola gota es suficiente
Para salvar al mundo delincuente.

¿Para qué viene?
Salvarnos: he aquí lo único que pedimos y que deseamos.

Hemos de vencer nuestros enemigos, hemos de alcanzar el cielo, hemos de asegurarnos la posesión de Dios, y en estas tres cosas se encierra lo que llamamos la salvación.

Jesucristo viene para salvarnos.

Tiene con nosotros muchas suavísimas relaciones, nombres distintos, con los que le imploramos desde nuestra miseria, pero todos quedan encerrados en este nombre divino que inunda el alma de consuelo: Jesús Salvador.

Es el nombre que prefiere a todos, el que escogió entre todos, el que quiso traer del cielo en la noche bendita de Belén, y glorificar en la ignominia del Calvario.

Gusta el Señor de considerarnos como sus redimidos, comprados a alto precio, rescatados y salvados con su sangre divina. Y gusta también de venir a nosotros trayéndonos la salud que es él mismo, porque así como no quiso encomendar a nadie la obra de nuestra salvación, así tampoco nadie nos dará sino él, este don supremo. Quiere tener la dicha de concedérnoslo con su propia mano y siendo él mismo ese don precioso, dice al entrar en el alma que le recibe: *Yo soy tu salvación*[1]. *El día de hoy, ha sido día de salvación para esta casa*[2].

---

[1] Salmo XXXIV.
[2] S. Luc. XIX.

AFECTOS DE ESPERANZA Y DE DESEO.

Justo era que Abraham se regocijase viendo el día del Señor, y que Habacuc exclamara en la plenitud de gozo de su corazón: *Me regocijaré en Dios mi Jesús*[1].

Bien pudo Zacarías bendecir a Dios por *haberle salvado de sus enemigos, y de las manos de los que le odiaban*, y María derramar su alma en aquel canto incomparable: *Mi espíritu se ha regocijado en Dios mi Salvador*[2].

El mensaje celestial de los ángeles la noche del nacimiento de Cristo, fué éste: *Os ha nacido el Salvador*[3].

---

[1] Habac. III.   [2] S. Luc. I.
[3] Ib. II.

Y el eterno Aleluya de los Bienaventurados es, y será: *La salvación se debe a nuestro Dios que está sentado en el solio, y al Cordero.... Aleluya. La salvación y la gloria y el poder son debidos a nuestro Dios. Aleluya*[1].

¡Venid Señor, venid Salvador mío!

DESPUÉS DE LA COMUNIÓN.

Os adoro, Alma de Cristo, Santa entre todos los Santos, Santa con la Santidad de Dios. Os adoro y me anonado ante vos en el abismo de mi miseria, de mi bajeza. ¡Alma de Cristo, santifícame!

Os adoro, Cuerpo de Cristo, que fuisteis mi rescate

---

[1] Apoc. VII XIX.

en la Cruz, que sois mi alimento en la Eucaristía. ¡Oh, Cabeza divina! ¡Oh, Faz sagrada, Ojos compasivos! ¡Oh, Manos y Pies benditísimos! ¡Oh, Corazón sagrado! Yo os adoro, os amo y os alabo. Yo confío en vos. ¡Cuerpo de Cristo, sálvame!

Os adoro, preciosísima Sangre: vida, salud, redención, intercesión mía; mi todo en todas las cosas. ¡Oh, Sangre de mi Salvador! que vuestra generosidad al derramaros por mí, en el huerto, en la columna y en el ara de la Cruz, me arranque con poderoso estímulo de la apatía en que languidezco, me arranque de mí misma, para inflamarme en vuestro ardor y poder así daros amor por amor. ¡Sangre de Cristo, embriágame!

AFECTOS DE ACCIÓN DE GRACIAS.

Venid, ensalcemos al Señor con alegría, cantemos a Dios nuestro Salvador [1]. — *El cual nos amó y nos lavó de nuestros pecados con su sangre* [2]. — *Mi alma engrandece al Señor, y mi espíritu se regocija en Dios mi Salvador* [3]. — *La salvación se debe a nuestro Dios que está sentado en el solio.* — *Aleluya. La salvación y la gloria y el poder son debidos a nuestro Dios* [4]. — *Glorificad al Señor, porque es bueno, porque su misericordia dura eternamente* [5].

---
[1] Salmo XCIV. [2] Apoc. I.
[3] S. Luc. I.   [4] Apoc. VII XIX.
[5] Salmo CVI.

—Pues él es la paz nuestra[1], *por cuya sangre hemos sido rescatados*[2].

Bendito sea Dios.

Bendito sea su santo Nombre.

Bendito sea Jesucristo, Dios y Hombre verdadero.

Bendito sea Jesús en el Santísimo Sacramento del Altar.

Sea Dios loado por su don inefable[3].

AFECTOS DE AMOR.

Mirad, éste es nuestro Dios; hemos esperado en él y él nos salvará. Éste es el Señor, hemos esperado con paciencia en él; nos regocijaremos y nos alegraremos en su salvación[4].*—Dios mío, y Salvador*

---
[1] Efes. II.   [2] Colos. I.
[3] I Cor. IX.   [4] Isaías XXV.

mío[1]. — *Decid a mi alma: Yo soy tu salvación*[2]. — *El día de hoy ha sido de salvación para esta casa*[3]. — *Mirad, Dios es mi Salvador; yo procederé con confianza en él*[4]. — *El Señor es mi apoyo, mi fuerza y mi Salvador*[5]. — *El cual me amó y se entregó a sí mismo por mí*[6].

Recordare, Iesu pie,
Quod sum causa tuæ viæ,
Ne me perdas illa die.

Quærens me, sedisti lassus;
Redemisti crucem passus:
Tantus labor non sit cassus.

O bone Iesu, exaudi me,
Intra tua vulnera absconde me,
Ne permittas me separari a te.

---

[1] Salmo LXI.   [2] Salmo XXXIV.
[3] S. Luc. XIX.   [4] Isaías XII.
[5] 2 Reyes XXII.   [6] Galat. II.

Piadoso Jesús, no olvides
Que por mí fué tu venida
Al mundo; y así el que yo
Te pierda, no permitas.

En buscarme te cansaste,
Padeciste la ignominia
De la cruz por redimirme:
No se frustren tus fatigas.

Oh, buen Jesús, escúchame.
Dentro de tus llagas escón-
deme,
No permitas que me aparte
de ti.

Ángeles y Arcángeles, etc.
(pág. 113).

AFECTOS DE PETICIÓN.

Tengo sed[1]. *Dame de beber*[2].

Tenéis sed, Señor, de mi santificación, pues santificad-me vos mismo por esta ín-

---
[1] S. Juan XIX.   [2] Ib. IV.

tima unión que se ha establecido entre vuestra grandeza y mi miseria, vuestra santidad y mi abyección. Santificad esta alma que se os entrega toda.

Tengo sed. Dame de beber.

Señor, ¿con qué podré apagar esa sed de vuestro sacratísimo Corazón? ¡Ah, si me hubiera sido dado acercar a vuestra cruz todas las almas por las que entregasteis vuestra vida, y haber así apagado con su amor y su contrición la sed que os devoraba! Si pudiera ahora traer aquí a vuestro sagrario las almas de todos los infelices pecadores que huyen de vos; las almas que me son queridas, las de los míos, las de aquellos que no tienen nadie que pida por ellos, las de los que están endurecidos en la culpa, las de los esclavizados por el pecado, las de los que han de morir hoy....

Recordad, Salvador amantísimo, que por todas ellas habéis muerto, que os ofrecisteis por todas como redención abundantísima y que *queréis que todas se salven.*

Te rogamos, pues, que ayudes a tus siervos, aquellos que has redimido con tu preciosa Sangre. Así sea.

Ofrecimiento (pág. 113).

CUARTO EJERCICIO PARA LA COMUNIÓN.

CRISTO NUESTRO SEÑOR, HUÉSPED DEL ALMA.

He aquí que estoy a la puerta y llamo; si alguno

escuchare mi voz y me abriere la puerta, entraré a él, y con él cenaré y él conmigo [1].—*Entra tú, bendito por el Señor. ¿Por qué permaneces fuera? Preparado he la morada* [2].

ANTES DE LA COMUNIÓN.

¿Quién viene?

¡Pensar que Jesucristo, el Verbo de Dios, *el Unigénito que está en el seno del Padre* [3], viene hoy a mi alma! ¡Pensar que Jesús de Nazaret, el huésped de Simón el fariseo, el huésped de Zaqueo, el de Betania, va a ser huésped en mi pobrísima morada! El Hijo de Dios vivo, como lo llamó Marta, el Hijo del Hombre,

---

[1] Apoc. III.   [2] Génesis XXIV.
[3] S. Juan I.

como se llamaba él a sí mismo: ¡venir hoy a mí! ¡Pensar esto, mejor dicho, saberlo con la certidumbre perfecta que da la fe, y hallarme tan fría, tan indiferente en espera de semejante visita!...

Su Madre bendita le esperó inútilmente entre las muchedumbres que le seguían; los discípulos de Emaús, tuvieron que suplicarle que entrase y se quedase con ellos.... Yo ni le he esperado, ansiosa de verle, ni le he rogado que se quede conmigo, y sin embargo, Jesús viene.... ¡Qué maravillosa condescendencia! ¡Qué misterio de amor!

Si los que le vieron entrar en casa de Zaqueo *murmuraban, diciendo que se iba a hospedar en casa de un hombre de mala vida*[1], ¿cuál no será el asombro de los Santos y de los Ángeles cuando vean a su Señor entrar en mi casa, para hospedarse en ella, bajando para esto de lo más alto del cielo, de la diestra del Padre?

En aquellos días de su humillación en la tierra era cuando, como dice San Pedro, *el Señor Jesús entraba y salía entre nosotros;* pero en éstos de su vida gloriosa es cuando viene a unirse conmigo, y si San Juan, al ver en su gloria a aquél sobre cuyo pecho se había recostado la noche de la última Cena, *cayó a sus pies como muerto*[2], ¿cómo podré yo

---

[1] S. Luc. XIX.   [2] Apoc. I.

atreverme a acercarme a él? Ah, Señor, únicamente pensando en que sois *manso y humilde de corazón*[1]. Jesucristo, el mismo que ayer es hoy *y lo será por los siglos de los siglos*[2]; el mismo que también sobre mí extiende *su diestra, diciendo: No temas*[3].

ACTO DE FE.

Dios mío, creo firmemente que vos a quien voy a recibir en la sagrada comunión, sois el Unigénito de Dios, nacido del Padre antes de todos los siglos, Dios de Dios, Luz de luz, verdadero Dios de Dios verdadero, consubstancial con el Padre, por quien todas las cosas fueron

---

[1] S. Mat. XI. [2] Hebr. XIII.
[3] Apoc. I.

hechas. El cual por nosotros y por nuestra salvación bajó del cielo y se encarnó por obra del Espíritu Santo en las puras entrañas de la Virgen María, y se hizo Hombre.

¡Señor, aumentad mi fe!

ACTO DE AMOR.

¡Os amo, Dios hecho Hombre por mí! Deseo amaros con todo mi corazón, con toda mi alma, con todo mi entendimiento y con todas mis fuerzas. Deseo que cada latido de mi corazón, cada pensamiento de mi mente, cada operación de mi alma, sea un acto de amor. Deseo con deseo intenso, Jesús mío, poder amaros más de lo que os amo.

¿A quién viene?

A mí, que tan poco hago para prepararme a recibirle. ¿No podría al menos hacer con más fervor esta indigna preparación? Él acepta cualquier acto, por débil e imperfecto que sea, con tal que lo inspire el amor, porque gusta de las diferentes formas de expresión que toma éste en las almas.

Las hermanas de Betania eran caracteres totalmente distintos, y cada una de ellas preparaba a su modo el recibimiento que se hacía al Maestro en aquella casa de su descanso. Marta, activa y celosa de su deber, pensaba más en el honor que al Señor se debía, que en el placer que a ella había de causarle la visita divina. Quería tener la casa bien dispuesta, alhajada, como en días de fiesta, convidaba a los amigos de Jesús, para que éste encontrase allí el aliciente de su compañía, iba constantemente de un lado a otro, disponiéndolo todo ella misma, inspeccionando aquí y allá, pareciéndole siempre que todo era poco para el amado Huésped. Y mientras trabajaba así embelleciendo y alegrando la casa para hacerla grata a aquel que ella creía firmemente ser *Cristo el hijo de Dios vivo*[1], su mente estaba absorta en el Maestro, como lo estaba la de María, mientras sentada, esperaba la llegada de Jesús, con los ojos,

---

[1] S. Juan XI.

iluminados por el amor, fijos en el camino por donde había de venir, y palpitante de emoción aquel corazón suyo tan vehemente.

Señor y Maestro mío, vos venís hoy a ser mi huésped, lo mismo que lo fuisteis de aquellas santas mujeres. Con ellas os espero y os deseo. Dadme el celo santo de Marta y el ardiente amor de María. Ora trabaje, ora medite, que mi corazón descanse en vos y mis obras vayan todas encaminadas a vos, para prepararme así a recibiros.

¿Para qué viene?

Y dijo el que estaba sentado en el solio: He aquí que renuevo todas las cosas [1].

---

[1] Apoc. XXI.

¡Oh Emmanuel, Dios con nosotros! Verdaderamente todas las cosas las renováis, cuando venís a hospedaros en nuestras almas.

Sois el huésped que disponéis el banquete y agasajando a los comensales *pasáis entre ellos sirviéndolos.*

Aquí en la Eucaristía nos demostráis que *mucho mayor dicha es el dar que el recibir* [1], porque venís a nosotros con las manos llenas de dones, buscando a quien podéis enriquecer.

Salomón dió a la reina de Sabá todo lo que ella deseaba y todo lo que le pidió, además de lo que él mismo la ofreció de su real bon-

---

[1] Act. xx.

dad[1]. Pero, ¿qué es la bondad y la munificencia de Salomón, si a la vuestra se compara, Dios mío? Venís a darme, mucho más de lo que yo me atrevo a pedir o a desear. Venís a purificarme más y más, a fortalecerme en mi vocación, a ayudarme en el trabajo que por vos realizo. Venís a santificar mi cuerpo y mi alma, para que uno y otra merezcan ser un día glorificados. Vos, que sois el Autor de la gracia y el Dador de la gloria, venís a mi alma para conducirla de la gracia a la gloria, o lo que es lo mismo, para concederme la gracia santificante, que es la semilla de la gloria eterna.

---
[1] 3 Reyes X.

ACTO DE HUMILDAD.

¿De dónde a mí la dicha de que mi Señor venga a visitarme? ¿Quién soy yo, para que así se derramen esos tesoros sobre mi alma, y venga mi Dios en persona a traérmelos, a dármelos con su propia mano? Señor, ¿quién soy yo, para que así os acordéis de mí? ¡Ah, dignaos hacerme menos indigna de vuestras gracias, menos indigna de este don supremo que sois vos mismo, entregándoos a mí!

ACTO DE CONTRICIÓN.

A vos, vengo Señor, para pediros contrición de todos mis muchos pecados. Dadme verdadero dolor de todos ellos, y en particular de las negligencias que he tenido en vuestro santo servicio y en el cumplimiento de mis deberes para con vos. Perdón, Señor, por tantas infidelidades, inconstancias, indecisiones culpables y crueles indiferencias, como he cometido durante mi vida, desde que empecé a consagrarme a vos más especialmente. Renuevo una vez más mis promesas de seguiros de cerca, de preferiros a todo, de confiarme a vos por completo, y espero de vuestra infinita bondad y misericordia, que así como me habéis dado gracia para desear la perfección y ofrecerme a alcanzarla, me la seguiréis concediendo para realizar la obra de mi santificación. Así sea.

DESPUÉS DE LA COMUNIÓN.

ACTOS DE ADORACIÓN.

Adoro te devote, latens Deitas,
Quæ sub his figuris vere latitas.
Tibi se cor meum totum subiicit,
Quia te contemplans totum deficit.

Adórote, mi Dios, devotamente,
Oculto en ese cándido accidente.
A ti mi corazón está rendido,
Y contemplando en ti, desfallecido.

Laudamus te, benedicimus te, adoramus te, glorificamus te,... Domine, Fili unigenite Iesu Christe.

Tu Rex Gloriæ, Christe.

Tu Patris sempiternus es Filius.

Te alabamos, te bendecimos, te adoramos, te glorificamos, oh Señor, Hijo unigénito del Padre.

Tú eres el Rey de la gloria, ¡oh Cristo!

Tú eres el Hijo eterno del Padre.

Ave, verum Corpus natum
Ex Maria Virgine,
Vere passum, immolatum
In cruce pro homine.
O clemens, o pie
O dulcis Iesu, Fili Mariæ.

Yo os adoro, verdadero cuerpo, nacido de la Virgen María. Vos habéis verdaderamente sufrido y sido inmolado por nosotros en la cruz.

¡Oh dulce Jesús! ¡Oh Jesús misericordioso! ¡Oh Jesús, Hijo de María! tened piedad de nosotros.

Dios mío, yo os adoro profundamente, tanto cuanto me lo permiten la obscuridad de esta vida mortal y la flaqueza de mi fe. Cuando llegue a hacer mi primer acto de adoración en el cielo, comprenderé por vez primera lo que significa adoraros, Señor.

Mientras llega esa hora venturosa, permitidme que para suplir lo que ahora me falta, os ofrezca la adoración que os tributan vuestros Ángeles y vuestros Santos en este momento mismo, en que se prosternan alrededor mío, para honraros en vuestro abatimiento. Ellos os adoran, os alaban y os dan gracias por mí, y yo a ellos me uno, para ofreceros este pobrísimo homenaje de amor y de gratitud. Perdonad, que mi acento sea tan frío y tan indignos de vos mis sentimientos, espero que en día no lejano, sabré realizar perfectamente esta adoración.

Esperad, Señor, esperad un poco todavía, esperad a que me halle al pie de vuestro trono, libres ya todas las potencias de mi alma, desligada ésta de los lazos mortales. Entonces, os adoraré *en espíritu y en verdad*[1]. *Ten un poco de paciencia, que yo te lo pagaré todo*[2].

---

[1] S. Juan. IV.
[2] S. Mat. XVIII.

ACTOS DE ACCIÓN DE GRACIAS.

Bendice al Señor, alma mía, y que todo en ti bendiga su santo nombre[1].—*Bendice al Señor, alma mía, y nunca olvides lo que él ha hecho por ti*[2].—*¿Qué retornaré al Señor por todo lo que él me ha dado?*[3]—*Pagaré mis votos al Señor en los atrios de la casa del Señor, en medio de tus muros, ¡oh Jerusalén!*[4]—*Bendecid al Señor, vosotros Ángeles suyos, que sois poderosos en la fuerza*[5].—*Dad gloria al Señor, porque es bueno; porque su misericordia dura por los siglos de los siglos*[6].—*Porque él ha satisfecho el alma que estaba vacía, y ha*

---

[1] Salmo CII. [2] Ib. [3] Salmo CXV.
[4] Ib. [5] Salmo CII. [6] Salmo CVI.

llenado de dones el alma hambrienta [1]. — *Bendito sea el Señor eternamente, así sea, así sea* [2].

ACTO DE AMOR.

Oh Señor, yo deseo que en mi pobre acción de gracias no echéis de menos el amor, para que al separaros de mí, no tengáis que dirigirme aquella triste queja: *Tú no me has dado el ósculo de paz* [3].

Es vuestro Corazón, Jesús mío, el más sensible de todos los corazones, y así advertís fácilmente dónde existe amor y dónde indiferencia, qué pruebas de atención y de cariño recibís de vuestros amigos, o qué desatención

---

[1] Salmo CVI.   [2] Salmo LXXXVIII.
[3] S. Luc. VII.

y frialdad os muestran éstos.
Concededme, Señor, un amor
hacia vos, que esté siempre
dispuesto a daros en estas
vuestras visitas de Amigo,
lágrimas de contrición sincera, con que lavar vuestros
pies divinos, y el perfume
suavísimo de la alabanza y
de la acción de gracias, para
embalsamarlos. Ante todo,
Señor, que sepa besar esos
pies, con el ósculo de una
amorosa bienvenida, y que
jamás pueda oir de vuestros
labios aquellas tristes palabras: *Tú no me has dado el
beso de paz.*

Ángeles y Arcángeles, etc. (pág. 113).

ACTO DE PETICIÓN.

Cuando pienso, Señor, en
la dulce intimidad que existía

entre vos y los que eran vuestros amigos, los que en aquel tiempo compartían con vos su morada, y los que después os han ofrecido sus corazones como lugar bendito de reposo, donde derramáis vuestros dones: siento y comprendo que os conozco muy poco, aunque tantas veces os he hospedado en mi alma. ¿Hasta cuándo, Jesús mío, hasta cuándo seréis extranjero en vuestra propia tierra? ¿Por qué no os dignáis descubriros más y más a mi alma? ¿Por qué permitís que vuestras visitas dejen tan pasajera huella en mi corazón?

¡Quedaos conmigo, Señor, quedaos conmigo! Estableced entre vuestro Corazón y el mío una comunicación intensa de amor, que no se interrumpa cuando haya desaparecido vuestra presencia sacramental. Que mi corazón quede fijo en vos, que sois su tesoro; que vuestra divina presencia absorba de tal modo mi mente y mi corazón, que las distracciones de la vida exterior, los diarios deberes y cuidados, no sean para mí rémora ni estorbo, sino al contrario estímulo y causa de más íntima unión con vos. Que todo lo que me rodea, sirva para acercarme a vos y no para apartarme.

El secreto de nuestra santificación y de nuestra eficacia, como instrumentos para vuestra mayor gloria, se encierra en esa vida interior del alma con su Dios. Perfeccionadla en mí cada día más. Maestro bueno, hacedme hallar contento en dejar a Dios por Dios, cuando sea preciso abandonar vuestra presencia sacramental para ir a encontraros en vuestras criaturas y en el trabajo hecho por vos. Pero, haced que desee siempre intensamente permanecer en vuestra compañía y que, cuando vuestra voluntad divina me lo permita, halle dulzura y descanso inefable en dejarlo todo para acudir a vuestro lado.

Mane mecum, Domine — Permaneced conmigo, Señor, siempre, siempre. Así sea.

Ofrecimiento (pág. 119).

QUINTO EJERCICIO PARA LA COMUNIÓN.

CRISTO NUESTRO SEÑOR EL MAESTRO.

Está aquí el Maestro y te llama [1].

ANTES DE COMULGAR.

¿Quién viene?

Aquél, de quien está escrito: *En el principio era el Verbo, y el Verbo estaba en Dios y el Verbo era Dios. Todas las cosas fueron hechas por él*[2]. El alma fué hecha por él, y él comprende perfectísimamente su naturaleza y sus necesidades, de las cuales la primera, la más profunda, es la necesidad de la verdad. La pregunta del

---
[1] S. Juan xi.   [2] Ib. i.

gobernador romano es la misma que repite toda alma que viene a este mundo: *¿Qué es la verdad?* [1]

El Verbo de Dios, la verdad eterna, era el único que podía dar respuesta a esta interrogación; y para darla de modo evidente y persuasivo, formulándola en lenguaje humano, para que mejor la entendiésemos, tomó nuestra naturaleza: *Y el Verbo se hizo carne y habitó entre nosotros.* Y pudimos verle a él, *el Unigénito del Padre*, enseñando con admirable paciencia y humildad sublime, en las sinagogas y en los pueblos, a todos los que querían aprender de él, del Maestro

---

[1] S. Juan XVIII.

divino, *lleno de gracia y de verdad*[1].

¡Ah Señor! ¿quién podrá decir que el nombre de Maestro no es uno de los más bellos que poseéis, y quién no hallará en este nombre atractivo y consuelo? Seguramente que ni los apóstoles ni Magdalena negarían esa belleza, esa dulzura y ese atractivo, ya que ellos nos dicen que ese era el nombre con el que os conocían los vuestros, el que tenían siempre en los labios. *Me llamáis Maestro y Señor*[2]. *Decid que el Maestro dice*[3].

Entre las especialísimas mercedes otorgadas por Dios a Adán y Eva, se menciona

---

[1] S. Juan I.   [2] Ib. XIII.
[3] S. Mat. XXVI.

la de que los enseñaba: *les daba instrucciones*[1]. Aunque ellos estaban inundados de luz, se complacía el Señor en satisfacer más y más aquella sed de verdad que él mismo les había infundido.

Idéntico anhelo ha puesto en nosotros, miserables criaturas, que *no vemos a Dios sino como en espejo y bajo imágenes obscuras*[2]. Todo lo que hay de más elevado, de más profundo en la ciencia, en la poesía, en la música, en el arte, no es sino el sentimiento del alma que busca la verdad eterna, que busca a Dios por si *rastreando y como palpando pu-*

---

[1] Ecles. XVII.
[2] I Cor. XIII.

diese por fortuna hallarle[1]. Él mismo lo ha dicho con palabras sublimes: *La vida eterna consiste en conocerte a ti solo Dios verdadero, y a Jesucristo, a quien tú enviaste*[2].

He aquí el único conocimiento que yo ambiciono, Señor, el conocerte a ti; pero lo deseo con toda el alma, con todo el corazón, con toda mi mente y todas mis fuerzas, poniendo en este anhelo la vehemencia toda de mi alma.

Domine Iesu, noverim te. —Señor Jesús, que yo te conozca. ¡Enséñame a conocerte!

Te pido esa luz, que no es la luz fría y blanca del

---

[1] Actas XVII.   [2] S. Juan XVII.

cielo ártico, sino un rayo de sol que caliente y vivifique y haga germinar las flores y los frutos del amor.

Aspice me, ut diligam te.—Mírame, Señor, para que yo te ame. Y puesto que eres un *fuego devorador*[1], que no haya en mí nada que se esconda a la influencia de ese calor, y que mis pensamientos, mis palabras, acciones, intenciones y afectos se purifiquen y se inflamen todas en el fuego de tu amor.

¡Noverim me, noverim te! ¡Que me conozca a mí, y que te conozca a ti! Concédeme, Señor, que entrando en mí misma, toda obscuridad y bajeza, halle el camino que conduce al esplen-

---
[1] Hebr. XII.

dor de tu presencia, y llegue a postrarme a tus pies.

Oderim me, et amem te.
Humiliem me, et exaltem te.
Mortificem me, et vivam in te.
Fugiam me, confugiam ad te.
Voca me, ut videam te.
Et in æternum fruar te.
Amen.

Ódieme a mí misma, y ámete a ti.
Humílleme yo, y ensálcete a ti.
Muera yo a mí misma, y viva en ti.
Huya de mí y vuele hacia ti.
Llámame, para que te vea a ti.
Y eternamente sea feliz en ti.
Amén.

AFECTOS DE FE.

Creo con fe firmísima que el Señor que va a venir a

mi alma, dentro de breves instantes, es aquel mismo que enseñaba a los doce apóstoles en las sinagogas, en los campos, en la montaña, en el lago; aquel que esperaban llenas de impaciencia y de ternura las hermanas de Betania, y que a la vez calmaba con suaves palabras la excesiva solicitud de Marta, y encendía en amor el corazón de María, cuando sentada a sus pies escuchaba sus enseñanzas de vida eterna. Creo que él es mi Maestro, lo mismo que lo fué de ellas; que desea hablarme, y que me hablará. *Para esto vine al mundo*[1], ha dicho él mismo.

---

[1] S. Juan XVIII.

AFECTOS DE AMOR.

¿No habrá en mi corazón ni una chispa siquiera de aquel fuego que encendía el corazón de Magdalena, cuando, como ella, escucho ahora aquel mensaje divino: *El Maestro está aquí y te llama*[1]? ¿No me levantaré presurosa para salir a su encuentro? ¿No me impulsará el corazón a precipitarme a sus pies divinos gritando: *Rabboni, Maestro mío*[2]?

Oh Señor y Maestro, reprendedme si queréis, como reprendisteis a Marta, no por excesiva solicitud en prepararos hospedaje, sino por mi indiferencia y negligencia en disponerme a vuestra visita de amor en la sagrada

---

[1] S. Juan Ib. XI.   [2] Ib. XX.

comunión. Merezco vuestra reprensión y la acataré humilde y agradecida como lo hizo Marta. Pero, Señor, no os limitéis a esto, dignaos hablarme también como hablasteis tantas veces a María: encended mi corazón como encendisteis el suyo en amor, llamadme como la llamasteis en aquella mañana de vuestra resurrección, para que con ella exclame reconociéndoos: *¡Rabboni, Maestro mío!*

¿A quién viene?

A una discípula torpe y perezosa, que pone a prueba no pocas veces la paciencia divina. Tibia, olvidadiza, indiferente, sin emulación, sin valor, sin perseverancia, apenas si tengo un átomo de fe, y mi inteligencia tiene tan poca afinidad con lo espiritual, que casi no me impresiona, y que las enseñanzas divinas hallan en mí comprensión tarda y asimilación más tarda todavía, no acertando a hacer de ellas impulso para la acción.

Si mi inteligencia está informada con los principios fundamentales para hacerme santa, ¿a qué se debe que no lo sea? ¡Ah! sin duda ninguna es mi corazón el responsable de este desorden. Mi corazón cobarde y perezoso, que no recibe esa luz de la vida sobrenatural, que debiera ser norma de mis actos.

Creo firmemente que he sido creada única y exclusivamente para alabar, hacer reverenciar y servir a Dios, y mediante esto, salvar mi alma; que todas las demás cosas que veo al rededor mío, me han sido dadas para que use de ellas o las rechace, en tanto cuanto pueden ayudarme o apartarme de ese único fin. Pero, ¿se ha adueñado, hasta aquí, de mi vida esa verdad fundamental? ¿refiero a ella todo lo que me rodea: acontecimientos, personas, tiempo, éxitos, fracasos? ¿ajusto a ella siempre mis actos y mis decisiones?

¡Qué diferente sería de lo que soy, si lo hiciera así, si esta verdad única guiara mi conducta, iluminara mis juicios, y fuera norma de mi vida!

Sé, Dios mío, que nunca haréis grandes cosas en el

alma que tiene poca fe; pero sé también que os contentáis con que comience por creer firmemente una verdad, para después concederle gracia con que siga avanzando en el camino de la fe.

Señor y Maestro mío, permitid que esa verdad fundamental se apodere de mi alma, y obre en ella la maravillosa transformación que se ha operado en tantas otras. Entonces, mi debilidad, vacilación y ligereza se trocarán en fervor, en energía y en perseverancia. ¡Así sea, Señor, así sea!

AFECTOS DE ESPERANZA Y DE DESEO.

¿No necesito yo, amadísimo Maestro, que habléis a

mi corazón? Sí, hablad, Señor, porque vuestras palabras son espíritu y vida. *Oh Dios mío, no permanezcas silencioso conmigo*[1]. *Resuene tu voz en mis oídos*[2]. Es verdad que no merezco oir hablar a aquel que puede *destruir con una palabra severa*[3]. Y sin embargo, Señor, una vez y otra os suplico que me habléis, que no me castiguéis con esa pena, la más dura que puede imponerse a un discípulo, el silencio. No permitáis que pueda decirse de mis comuniones: *Pero Jesús permanecía en silencio*[4]. Hablasteis a Pilatos, porque os compadecíais de él y hubierais

---

[1] Salmo XXVII. [2] Cant. II.
[3] Sabid. XII. [4] S. Mat. XXVI.

querido salvarlo. Hablasteis a la Cananea que os seguía suplicante, soportando humilde las repulsas y la desatención y mirándoos con entera confianza, aunque vos *no le respondíais palabra*[1]. Su instinto de mujer le hacía comprender que si lograba romper el silencio de aquellos labios divinos, estaba asegurada la demanda que a vuestros pies traía. Con aquella valerosa mujer os imploro: *¡Señor, Hijo de David, ten lástima de mí!* Con ella me acerco y os adoro diciendo: *¡Señor, socórreme!* Con ella espero oir vuestra respuesta consoladora: *Hágase conforme tú lo deseas.*

---

[1] S. Mat. XV.

¿Para qué viene?

Viene para enseñarme. *Buen Maestro, ¿qué podré yo hacer a fin de alcanzar la vida eterna*[1]*. — En verdad, en verdad os digo, que quien escucha mi palabra, tiene la vida eterna*[2].—*Las palabras que yo os he dicho, espíritu y vida son*[3].

Viene para enseñarme, para conducirme a la soledad y hablar allí a mi corazón. Hasta tal punto se hace una misma cosa conmigo en la comunión, que no interrumpo yo su soledad, ni él la mía: *Estaba solo, y sus discípulos se hallaban también con él*[4].

---

[1] S. Luc. XVIII.
[2] S. Juan v.   [3] Ib.
[4] S. Luc. IX.

Enseñadme, Maestro, ahora que estamos solos vos y yo. Dadme el inefable consuelo de escuchar aquellas palabras que oyó el fariseo: *Una cosa tengo que decirte* [1]; y yo os contestaré: *Di, Maestro.* Hablad a mi corazón, que tantas enseñanzas ha menester, porque, lo confieso con gran vergüenza, Jesús mío, a pesar de vivir hace ya tantos años cerca de ese Corazón vuestro, que irradia fuego vivísimo de amor, mi pobre corazón está helado como si, en vez de hallarse bajo la influencia de ese Sol divino, estuviera sometido al ambiente helado de las regiones árticas, donde no brilla ni calienta el astro rey.

---

[1] S. Luc. VII.

¿Cómo puedo sustraerme así a vuestro calor?

Si tomo en la mano el rosario y contemplo los misterios de vuestra vida, no siento afectos de gozo en los de vuestra encarnación e infancia, ni me mueven a llanto los de vuestra cruelísima pasión, ni me llenan de santa alegría los de vuestra resurrección y ascensión.

Cada mañana asisto al Sacrificio redentor del Calvario en la sagrada misa. Allí está la Iglesia triunfante, atenta al misterio que va a celebrarse; y la Iglesia militante y la que gime en el purgatorio, están ambas pidiéndome ayuda: y yo permanezco indiferente, distraída, y salgo del templo para volver a mi vida ordinaria, sin haberme aprovechado de los divinos tesoros que tuve en mis manos para distribuirlos y que, por lo que a mí toca, se han desperdiciado inútilmente.

¿No veis, Señor, cómo necesito que me habléis al corazón? No me castiguéis con vuestro silencio; pronunciad en lo más íntimo de mi alma esas palabras vuestras que son *espíritu y vida*[1].

AFECTOS DE HUMILDAD.

¿Quién soy yo para que el Hombre-Dios venga a ser mi Maestro y mi Consejero? Cuando pienso en aquellos sabios de la antigüedad que emplearon sus vidas en bus-

---
[1] S. Juan VI.

car la verdad, cuando los oigo exclamar: *¿Cuál de nosotros puede subir al cielo para traérnosla?... ¿cuál de nosotros puede atravesar el mar para dárnosla?*[1] —me pregunto, qué pensamientos hubieran sido los suyos ante el hecho admirable de la encarnación, en la que el Verbo de Dios *bajó del cielo y se hizo hombre* por nosotros y por nuestra salvación.

Pero, si este misterio sublime los hubiera dejado atónitos y maravillados, ¿qué decir de lo que hubieran sentido aquellos nobilísimos corazones ante esta otra unión con nuestras almas, más íntima todavía; la del Verbo,

---
[1] Deut. XXX.

que no sólo *vino al mundo... para dar testimonio de la verdad*[1], sino que viene a nuestras almas para enseñarnos esa misma verdad? ¿Qué, si les hubiera sido dado sentarse a los pies del Maestro, escuchar sus palabras, y recibirle una vez al menos en sus pechos? ¡Ah! ciertamente que hubieran sabido aprovecharse mejor que yo, indigna pecadora, de merced tan grande.

AFECTOS DE CONTRICIÓN.

¿Qué debiera sentir yo, Señor, en estos momentos, pensando en el poco caso que he venido haciendo hasta ahora de vuestras divinas enseñanzas?

---
[1] S. Juan XVIII.

Una y otra vez me las repetís en el santo Evangelio, y las oigo también innumerables veces en el secreto del corazón, al que habláis sin ruido de palabras. Pero, por desgracia y para confusión mía, he de reconocer que casi siempre me hago sorda a vuestras inspiraciones, desoigo vuestras quejas y hago caso omiso de vuestras solicitaciones. Oigo lo que otros han deseado oir sin conseguirlo, y desprecio vuestra divina voz. Me ha sido concedido gratuitamente lo que a otros hubiera transformado en hombres nuevos, y arrojo lejos de mí como inútil ese don precioso.

Dios mío, desde lo más profundo del corazón os doy

rendidas gracias por haberme concedido vivir, no antes, sino después de la encarnación del Verbo, con todas las luces, consuelos y ayudas de la Iglesia, que me hubieran faltado de haber nacido en aquellos tiempos envueltos en sombras de infidelidad y de error.

Yo, en cambio, ¡cuán mal he correspondido a este beneficio y qué descuidada ha sido mi vida!

Me arrepiento, Señor, de haber malgastado lo que más era vuestro que mío, de haber infringido vuestra santa ley por indiferencia, cobardía y respetos humanos; me pesa muy en particular del mal ejemplo que con mi conducta he dado. *Un abismo llama a otro abismo*[1]. Si es verdad que he pecado gravemente en mi vida, ¿a quién acudiré sino *a ti, mi Dios*? Tú serás propicio a mi pecado, *porque éste es grande*[2].

DESPUÉS DE LA COMUNIÓN.

AFECTOS DE ADORACIÓN.

¡Rabboni, Maestro! — he aquí el grito de la fe.

Adoro te devote, latens Deitas,
Quæ sub his figuris vere latitas.
Tibi se cor meum totum subiicit,
Quia te contemplans totum deficit.

AFECTOS DE ALABANZA
Y DE ACCIÓN DE GRACIAS.

¡Rabboni, Maestro! — he aquí el grito de la alabanza.

---

[1] Salmo XLI.   [2] Salmo XXIV.

Laudamus te; benedicimus te; adoramus te; glorificamus te ... Domine Fili unigenite Iesu Christe.

Tu solus Sanctus, tu solus Dominus, tu solus Altissimus, Iesu Christe; cum Sancto Spiritu in gloria Dei Patris. Amen.

Alabámoste, bendecímoste, adorámoste, glorificámoste, oh Señor Jesucristo, Hijo unigénito.

Porque tú solo eres santo, tú solo el Altísimo, Señor Jesucristo; con el Espíritu Santo en la gloria del Padre. Amén.

AFECTOS DE AMOR.

¡Rabboni, Maestro! — he aquí el saludo de bienvenida que debiera daros cada vez

que me visitáis. María expresó con esta palabra su fe, su adoración, su gratitud, su admiración y su gozo, cuando cayó postrada a vuestros pies en el huerto de la Resurrección. En verdad, que podíais poner a prueba aquel corazón enamorado, para que os buscase sin descanso, y así quisisteis, aun cuando ya os halló, mostraros a ella como Dios escondido. Sus ojos, sus oídos, hasta su fe os desconocieron, todo menos su corazón, que al punto respondió a vuestro llamamiento: *¡María!—¡Rabboni!*

¡Oh Señor! En mí todo es deficiente, menos la fe. ¿Dónde hallar los afectos de adoración, de gratitud, de amor y de admiración, de gozosa alabanza, que debiera sentir en estos momentos? Pero la fe está arraigada con firmeza en lo más profundo del alma, la fe que despertará todos esos afectos, en cuanto la aliente vuestra voz divina. Hablad, Señor, llamadme por mi nombre, como llamasteis a Magdalena; no os escondáis de mí por más tiempo, porque, aunque permanezcáis el Dios escondido, podéis levantar en parte el velo que os oculta a mis ojos. ¿No me bendeciréis, considerando que, aunque no he visto como María, sin embargo he creído? *Señor, ayuda tú mi incredulidad*[1]. Que mi fe se mantenga y crezca, hasta que

---

[1] S. Marc. IX.

me llegue al esplendor de tu presencia, donde postrada ante tu faz, revelada por fin en toda su belleza, exclame con mayor entusiasmo aún que Magdalena: *¡Rabboni, Maestro!*

Ángeles y Arcángeles, etc. (pág. 113).

PETICIÓN.

Cristo es vuestro único Maestro[1]. No sólo sois, Señor, el Maestro que me enseña, sino que sois también mi Dueño: soy a la vez vuestra discípula y vuestra esclava. ¡Gracias sean dadas a Dios por ello! Todo cuanto tengo y cuanto soy, os pertenece: tiempo, trabajo, talento, salud, vida, los

---

[1] S. Mat. XXIII.

sentidos todos de mi cuerpo, las potencias de mi alma: tomadlo todo, Señor, es vuestro, os lo devuelvo.

Y puesto que habéis dispuesto que use de todo ello libremente, no permitáis que emplee mal uno solo de vuestros dones, sino que con ellos negocie con pureza de intención, para vuestra mayor gloria, escogiendo los medios que más tiendan al fin para el cual fuí creada, y por los cuales pueda amaros cada día más y seguiros más de cerca.

Tened compasión, oh Señor y Maestro mío, de los pobres, de los que sufren y lloran, de los que se ven tentados, de los niños abandonados, por quienes nadie se interesa. Tened piedad de las razas salvajes e infieles, de los que ciegos adoran a dioses falsos, y acordaos muy especialmente en vuestra gran misericordia de las almas que sufren en el purgatorio.

Oblación (pág. 119).

SEXTO EJERCICIO PARA LA COMUNIÓN.

CRISTO, AMIGO DEL ALMA.

Tal es mi Amado, y él es mi Amigo [1].

ANTES DE COMULGAR.

¿Quién viene?

El amor, porque *Dios es amor* [2], y con esto vuelvo a considerar el dulcísimo y familiar pensamiento del amor

---

[1] Cant. v. [2] S. Juan IV.

y de la amabilidad infinita de mi Dios.

La naturaleza divina es amor; busca el comunicarse, el dar de su plenitud: *Abres tu mano y llenas de bendiciones a toda criatura viviente*[1]. Amas todas las cosas que son, y no odias ninguna de *cuantas has criado; porque ninguna hiciste odiándola.... Oh Señor, que amas las almas*[2].

La historia de la humanidad es historia de amor divino. *La misericordia del Señor permanece por los siglos de los siglos*[3]. Habéis llamado, Señor, ley de temor a la Ley antigua, porque estaba reservada a la nueva

---

[1] Salmo CXLIV.   [2] Sabid. XI.
[3] Salmo CII.

la plena revelación de vuestra divinidad y de vuestro amor; en el Evangelio, aun cuando fuisteis para aquellos siglos de sombras un Dios escondido, vuestra infinita dulzura se revelaba en innumerables ocasiones, con palabras, actos y tiernas quejas y compasión inmensa. Los hombres de entonces también pudieron decir: *El Señor es suave*[1].

Aun en su humana naturaleza *Dios es amor. La imagen del Dios invisible*[2], *el vivo retrato de su substancia*[3], su Verbo, *fué visto en la tierra y conversó con los hombres*[4]; *se encarnó y habitó entre nosotros*[5], y nosotros vimos a

---

[1] Salmo XXXIII. [2] Colos. I.
[3] Hebr. I. [4] Baruc III. [5] S. Juan I.

aquel *en el que habita toda la plenitud de la Divinidad*[1], *lleno de gracia y de verdad*, de ternura y de compasión. En cada movimiento de sus manos, en el mirar de sus ojos y en las palabras de sus labios, se manifestaba *su benignidad y amor para con los hombres*[2].

Más que sorpresa, fué placer inefable el que experimentó el hombre al reconocer al Padre en *su Hijo muy amado*[3] y al ver cómo ese Corazón perfectísimo palpitaba al impulso de sus humanos afectos. ¿Podía haber sido de otro modo? ¿Podía el más perfecto de los corazones todos dejar de apreciar la dul-

---

[1] Colos. II. [2] Tito III.
[3] Colos. I.

zura de la amistad que consuela y fortalece? Jesús quiso sentirla y bendecirla, y así le vemos aceptar el amor, la simpatía, allá donde los halla ... en su Madre inmaculada, cuyo corazón latía al unísono del suyo, en la pobre pecadora que amó mucho y fué perdonada, en sus apóstoles, rudos de palabra, pero tiernos de sentimientos, en aquella voz que se elevó un día de entre la muchedumbre para bendecirle, en los lamentos que le siguieron al Calvario, y en la defensa que de él hizo en la cruz el buen ladrón.

Jesús sigue siendo el mismo, sigue teniendo amigos predilectos en el mundo, que no quiso abandonar, y así a través de la historia de la Iglesia, seguimos viendo repetirse aquellas especiales muestras de amor que comenzaron en Betania y se continuaron durante todo el tiempo de su predicación. No se ha limitado el llamamiento de su Corazón a las mujeres de Jerusalén, sino que ha venido a llamar a otras, como Inés y Gertrudis y Margarita María. ¡Oh, Corazón tiernísimo de Jesús! justo era que San Pablo exclamara un día, pensando en estas infinitas ternuras vuestras: *El que no ama a Nuestro Señor Jesucristo, sea anatema* [1].

Nos llenamos de asombro viendo que el Dios del cielo

---

[1] Cor. XVI.

y de la tierra llama a Abraham amigo, y que más tarde dice a sus apóstoles: *no os he llamado siervos, sino amigos.* ¿Qué pensar, viendo que no se limitan a esto sus bondades, sino que viene a hacer, a míseras criaturas, confidencia de sus tristezas, de sus deseos, a llamarlas una y otra vez con el dulcísimo nombre de hermanos: *id y decid a mis hermanos*? Sin duda que el alma queda admirada y el corazón encendido en amor al considerar que aquéllos fueron escogidos para tan dulce intimidad, no sólo porque eran débiles, sino también—¿quién podrá negarlo?—porque supieron atraerse la predilección del Maestro.

ACTO DE FE.

Señor, me regocijo de ver, a través de la historia de vuestra Iglesia, el amor de vuestro sacratísimo Corazón, iluminando al mundo, y os doy gracias rendidas, por haberos dignado ofreceros a nosotros durante la vida como amigo. En este viaje que hacemos hacia la eternidad, nos sentimos a menudo solos, muy solos, aunque nos rodeen cariños y desvelos humanos, porque hay misteriosas necesidades del alma y profundos anhelos del corazón, a los que sólo puede llegar una amistad divina.

AFECTOS DE AMOR.

¡Ah Señor, si me fuera dado amaros como si, arrodillada a vuestros pies, hubiese sentido apoyarse vuestra mano sobre mi cabeza y hubiese oído el acento de vuestra voz que perdonaba y atraía los corazones; como os amaban los pobres enfermos de Galilea y los apóstoles, y vuestra Madre inmaculada, que mejor que nadie os conocía!...¡como vos me habéis amado, Señor!

Dejadme al menos que os ame con todo mi corazón, con toda el alma, con la mente toda y con todas mis fuerzas, y haced que este amor mío sea digno de tal nombre, demostrándose en confianza, en generosidad, en sacrificios, reconociendo gozosamente que cuanto vos hacéis está bien hecho, no reparando en trabajo alguno cuando por vos lo haga, renunciando de buen grado a lo que me sea más querido, si vos me lo pedís, si con esa renuncia procuro vuestra mayor gloria, y os puedo servir mejor.

Dios mío, pienso yo que cualquier otro que estuviese en vuestro lugar haría poca cuenta de amor tan pobre y deficiente como es el mío, indigno de ese nombre y tan distinto de aquel amor con que vos me habéis amado; ya que el mío es frío, egoísta, cobarde para el trabajo y para la abnegación. ¿Cómo puede ser, oh Amigo fidelísimo de mi alma, que vos apreciéis en manera alguna este amor de mi corazón? Pero, ¿qué digo? ¿No es suficiente razón, aunque para mí sea otro misterio, la de que a mí, indigna y miserable criatura, me habéis amado, vos, supremo Señor de cielos y tierra?

¿A quién viene?

No es a Pedro ni a Juan, ni a Teresa, ni a Margarita María: viene a una pobre alma, que no tiene más que buenos deseos que presentarle. Afortunadamente sé que él no desprecia los deseos, sino que al contrario los tiene muy en cuenta. A Daniel, *el hombre de los deseos*[1], fué revelado el tiempo de la venida *del Deseado de todas las naciones*[2]; y

---

[1] Daniel x.   [2] Ageo ii.

Simeón, en premio de sus deseos, mereció oir aquella dulcísima promesa, de que no moriría antes de haber contemplado con sus ojos al Mesías.

Vos mismo, Señor, dijisteis un día: *con deseo he deseado.* ...Los deseos son un lenguaje del corazón que entendéis perfectamente, aunque lo formule la más indigna de vuestras criaturas.

No diré, por consiguiente: *Estaré oculto a los ojos de Dios, y ¿quién se acordará de mí en las alturas? En medio de esa muchedumbre seré desconocido, porque ¿qué es mi alma en esa inmensa creación?*[1] sino que exclamaré con alegría: *Él ha*

---
[1] Ecles. XVI.

puesto sus ojos en nuestros corazones [1] ... *y todo corazón es entendido por él* [2]. *El Señor ha oído el deseo del pobre; tus oídos, Señor, han escuchado la preparación del corazón* [3]. *Oye, Señor, mi súplica; presta oído a mis lágrimas* [4].

Dios mío, ¡cuán atento estáis a los sentimientos del corazón para oir sus deseos, para apreciar su preparación a vuestra venida, para percibir hasta nuestras lágrimas! Señor, escuchad los deseos que mi corazón formula en estos momentos.

AFECTOS DE ESPERANZA Y DE DESEO.

Como el ciervo sediento suspira por la fuente de aguas

---

[1] Ecles. XVII.   [2] Ib. XVI.
[3] Salmo IX.   [4] Salmo XXXVIII.

vivas, así suspira mi alma por ti, ¡Dios mío! [1]

Mi alma ha tenido sed del Dios fuerte, del Dios vivo [2].

¿Para qué viene?

Cierto padre hizo un día a su hijo un don tan precioso y extraordinario, que no se le había ocurrido siquiera al hijo desearlo; pero una vez que lo poseyó, llegó a parecerle ya cosa natural e indispensable para su felicidad.

Así ha ocurrido en el mundo con la encarnación del Verbo, don supremo, que Dios hizo al hombre, y misterio dulcísimo, que forma parte de nuestra vida misma. Ninguna inteligencia humana acertó a sospechar siquiera la

---

[1] Salmo XLI.   [2] Ib.

posibilidad de tal portento, y aun cuando por excepcional presentimiento hubiésemos llegado a concebir esa idea, jamás se hubiera atrevido el hombre a pedirle a su Dios, ni a desear siquiera, que le otorgara semejante beneficio. Imposible me hubiera sido, Señor, dirigiros esta súplica: Creador y Señor nuestro, ya que nos habéis ordenado conoceros y amaros, dignaos descender un poco hacia nuestra limitada naturaleza humana, porque os halláis demasiado lejos de nosotros y distante de estas inteligencias que os buscan, de estos corazones que hicisteis para vos y sólo en vos pueden descansar. Poneos, Señor, a nuestro alcance. ¡Ah, si fuera posible que vinieseis a habitar entre nosotros! *¡Ah, si quisieses rasgar los cielos y bajar!* [1]

Lo que necesitamos todos, lo que yo necesito, es amar y ser amada por un ser que tenga mi humana naturaleza. Necesito que él se siente a mi lado y estreche mi mano en la suya, y me permita apoyarme sobre su pecho. Tengo que contar mis dificultades, que confiar mis penas, a un corazón que sienta como el mío, que haya sufrido como el mío, que pueda darme el consuelo de su simpatía, que conmigo se haya sentido débil, haya temblado ante la prueba y sepa por propia experien-

---

[1] Isaías LXIV.

cia todo lo que yo tengo que decirle.

Dios mío, éste hubiera sido mi deseo, mi pensamiento, ésta la súplica que acaso osaran dirigiros mis temblorosos labios. He aquí lo que necesita, lo que anhela este corazón que habéis creado para vos. ¿Pide demasiado?

Y vos, mirándome compasivo, me contestáis así: Hija mía, cuán poco comprendes aún el amor de tu Creador. No, lejos de pedir demasiado, no has pedido bastante. El conocimiento que de tus necesidades tengo y el amor que te profeso, son más grandes, más profundos de lo que tu corazón ha podido nunca concebir, y estoy dispuesto a hacer por ti mucho más de lo que te atreverías a pedirme y a desear. No sólo me pondré a tu alcance, viviendo ante tus ojos existencia humana, no sólo estrecharé tu mano y te permitiré que apoyes tu cabeza sobre mi pecho, sino que me acercaré todavía más a ti, entraré en tu corazón, para que allí me digas cuanto desees, para allí darte cuanto necesites, y compartir contigo mis tesoros.

¿Ves cómo no has pedido demasiado?

Pero dime ahora, hija mía, ¿qué uso habéis hecho hasta ahora los hombres del don inapreciable de mi real presencia entre vosotros, del amor siempre dispuesto a favoreceros, que palpita en este corazón de carne que por vosotros se inmola? ¿Cuántas veces vienes a mí, para pedirme ayuda, fuerza y consejo? ¡Ah, hija mía! posees tesoro muy superior a cuantos pudiste siquiera imaginar, y sin embargo, me veo obligado a repetir tristemente ante tu ceguera las palabras que dirigí a un alma grande que no sabía quién era yo: *¡Si conocieses el don de Dios!* [1]

AFECTOS DE CONTRICIÓN.

Nos colmáis, Señor, de beneficios con infinita largueza, porque *los dones y vocación de Dios son inmutables* [2], y si es verdad que pudisteis arrepentiros un día de haber creado al hombre, nunca os

---
[1] S. Juan IV. [2] Rom. XI.

ha pesado esta entrega, esta donación que de vos mismo nos habéis hecho. Aunque visteis todo lo que había de suceder, la soledad y el abandono del sagrario, al que no se acercarían las almas sino de tarde en tarde y a veces sólo por temor al pecado, las humillaciones a que estaríais expuesto por tantos abandonos y tantos sacrilegios; sin embargo, no os arrepentisteis de haber concebido el inefable portento de la Eucaristía.

Yo sí tengo, Señor, motivos grandes para arrepentirme y para llorar amargamente mi tibieza: mi frialdad hacia vos en el sacramento del amor, la falta de fervor y de celo que habéis visto tantas veces en mis preparaciones para recibiros, y en la acción de gracias de mis comuniones, el cruel abandono en que os he dajado en el sagrario.

Cuántas veces, al veros ser llevado casi solo y sin pompa alguna a la cabecera de un enfermo, he oído a mi Ángel de la Guarda decirme: *¿Es este el amor que tienes a tu amigo? ¿Por qué no vas con él?*[1] ¿Y no pude en efecto haber destinado unos minutos a acompañarle un trecho, ya que *donde está tu tesoro allí está también tu corazón*[2]?

El Señor está en el sagrario *por mí*. Está allí para

---

[1] 2 Reyes XVI.
[2] S. Mat. VI.

ser *mi* compañero, *mi* amparo, *mi* amigo. Aunque estuviera yo sola en el mundo, permanecería allí *por mí*, esperándome *a mí*. ¡Qué pensamiento!

Mi conducta hacia él, durante estos pasados años, ¿ha correspondido como debiera a amor tan fino y constante? ¿He sido digna del inmenso sacrificio que representa esa permanencia de Jesús en el sagrario, días y meses y años, *por causa mía*?

¡Oh Amigo mío y Tesoro mío! haced que en adelante mi corazón se acerque más al sagrario abandonado, en el que me esperáis noche y día:

AFECTOS DE HUMILDAD.

Sin mí, nada podéis hacer[1]. Bien lo sé, Señor, por experiencia propia, y os doy gracias por habérmelo enseñado, ya que prefiero contar con vuestra ayuda poderosa, en vez de con mis propias fuerzas, y ser sarmiento de vuestra viña, que de vos reciba la savia.

Se dice de Abner, que envió mensajeros a David para decirle: *Haz una alianza conmigo, y mi mano estará contigo;* y él dijo: *Bueno, haré una alianza contigo*[2].

Haced vos, Señor, alianza conmigo, sed amigo fidelísimo que me acompañe en todo cuanto haga, porque

---
[1] S. Juan XV. [2] 2 Reyes III.

todo lo puedo en aquel que me conforta [1].

DESPUÉS DE LA COMUNIÓN.

ADORACIÓN.

Adoro te supplex, latens Deitas.

Laudamus te, benedicimus te, adoramus te, glorificamus te.

Verdaderamente eres un Dios escondido, el Dios de Israel, el Salvador [2].

¡Oh Jesús, Dios escondido! yo te imploro.

¡Oh Jesús, Luz escondida! yo voy a ti.

¡Oh Jesús, Amor oculto! yo corro a ti.

Con todas mis fuerzas te adoro.

---

[1] Filip. IV.   [2] Isaías XLIV.

Con todo mi amor me uno a ti.

Con todo mi corazón te deseo.

Y no temo ya apartarme de ti ni perderte.

ACCIÓN DE GRACIAS.

Mi alma engrandece el Señor y mi espíritu se ha regocijado en Dios, mi Salvador, porque él ha mirado la humildad de su sierva [1].

Bendito sea el Señor eternamente. Así sea. Así sea [2].

Benedictus qui venit in nomine Domini. Hosanna in excelsis.

Bendito sea Jesucristo, verdadero Dios y verdadero hombre.

---
[1] S. Luc. I.
[2] Salmo LXXXVIII.

Bendito sea el nombre de Jesús.

Bendito sea su sacratísimo Corazón.

Bendito sea Jesús en el Santísimo Sacramento del Altar.

Sea Dios loado por su don inefable [1].

AMOR.

Y cuando hubieron adorado a Dios, y dádole gracias, se sentaron juntos [2].

Así hacéis vos, Señor, amigo *más tierno que un hermano* [3]. Me ayudáis a adorar y a dar gracias, y después os sentáis junto a mí, a escuchar lo que quiera deciros. Algunas veces nada oís, porque nada tengo que deciros, mi corazón se halla

---

[1] 2 Cor. IX.   [2] Tobías XI.
[3] Prov. XVIII.

frío, y distraído mi pensamiento. Otras, tampoco os hablo, pero no porque me falte asunto para ello, sino porque no es preciso que las palabras os den cuenta de lo que siento, ya que, en ocasiones, la expresión más perfecta de la amistad es precisamente el silencio, el estar sentados juntos sin que sea necesario hablar.

Os amoldáis, Señor, a los diferentes estados de mi pobre alma; me soportáis cuando a veces yo misma me resulto insufrible, ¡oh Amigo pacientísimo, compasivo y abnegado!

PETICIÓN

También yo tengo un corazón como el vuestro[1]. Sí,

---
[1] Job XII.

Dios mío, y *de su plenitud todos hemos recibido* [1].

Ese Corazón divino está ahora junto al mío: haced, Señor, que de él tome virtud y fuerza. Hacedme semejante a vos en mi conducta hacia el prójimo; hacedme amable, indulgente, abnegada, humilde. Dadme aquella caridad eficaz, aquella dulzura, paciencia, resignación y santo atractivo que enamoraban a cuantos os veían y que están vivos aquí en este Corazón que acaba de entregárseme. Permitidme que os pida, que todas esas virtudes se derramen de vuestro Corazón al mío, ya que os está patente la gran necesidad que de ellas tengo. Ayudadme,

---
[1] S. Juan I.

Señor, apresuraos a socorrerme.

El Espíritu Santo nos dice: *No digas a tu amigo: 'Véte y vuelve mañana, que te daré lo que pides', si puedes darle hoy mismo lo que necesita*[1]. Dadme pues, Señor, hoy mismo, dadme ahora lo que tanto he menester. Ved, cómo llamo una y otra vez a la puerta de vuestro Corazón: si no queréis abrirme a título de amigo, hacedlo al menos por importuno.

Os encomiendo, Jesús mío, todos vuestros amigos, las almas que os sirven fielmente en la tierra, aquellas sobre las cuales tenéis grandes designios, para que alcancen el fin que les habéis seña-

---
[1] Prov. III.

lado. Por vuestra mayor gloria, por las almas que esas predilectas vuestras tienen que ayudar y guiar, dadles en abundancia todas las gracias que necesiten.

Ofrecimiento (pág. 119).

SÉPTIMO EJERCICIO PARA LA COMUNIÓN.

CRISTO NUESTRO REY.

ANTES DE LA COMUNIÓN.

¿Quién viene?

El que es Rey de los reyes y Señor de los señores[1]. *Rey poderoso y muy de temer, que se sienta sobre su trono y es Dios de las dominaciones*[2]. —*Aquel de quien está escrito, tenía en la cabeza muchas diademas*[3], *y los ejér-*

---

[1] Apoc. XIX.   [2] Ecles. I.
[3] Apoc. XIX.

citos que hay en el cielo le seguían [1]. — *Los veinticuatro ancianos se postraban delante de él y adoraban al que vive por los siglos de los siglos, y ponían sus coronas ante el trono* [2].

Después fué visto sobre la tierra y conversó con los hombres [3]. — *¿Conque tú eres Rey?... Yo soy rey. Yo para esto nací, y para esto vine al mundo....* [4] — *Yo soy elegido rey sobre Sión* [5].

Y sin embargo, ¡qué poco alarde hace de su realeza; cuán humilde se nos presenta, qué callado acerca de sí mismo; cómo se aproxima a nosotros, y se nos hace tan semejante, que para no

---

[1] Apoc. XIX. [2] Ib. IV. [3] Baruc III.
[4] S. Juan XVIII. [5] Salmo II.

desconocerle tenemos que estar siempre pensando en que es nuestro Dios!

Los reyes de la tierra no han acertado nunca a familiarizarse así con sus súbditos, y se delatan a cada instante inconscientemente por las atenciones que exigen. «¿Olvidáis acaso», dijo uno de ellos, «que yo soy vuestro rey?» Con el Rey de reyes ocurre todo lo contrario. Nunca nos demuestra que ha condescendido en descender hasta nosotros, que nuestra compañía puede parecerle enojosa, estando habituado a la de los Ángeles, que nuestra rudeza contrasta con su infinita delicadeza.

No, aunque deja que San Pablo hable de humillación realizada al encarnarse, con estas palabras: *se anonadó a sí mismo tomando la forma de siervo, hecho semejante a los demás hombres y reducido a la condición de hombre*[1]. Cristo se nos muestra, si nos es lícito decirlo, orgulloso de lo que ha conseguido con su venida, gusta de llamarse a sí mismo *el Hijo del Hombre*, y estando entre nosotros, quiere asemejársenos en todo. Hace y sufre lo mismo que nosotros hemos de hacer y de sufrir; y como nosotros aceptamos como inevitables las privaciones y las molestias que diariamente nos trae la vida, así las acepta él también.

---

[1] Fílip. II.

Es más: tan rara vez ha dicho quién es, que muchos de sus enemigos afirman que nunca llegó a declarar formalmente que era Dios. Si obra constantes milagros durante los tres años de su vida pública, es por nuestro bien, y solamente cuando este bien lo exige, habla de aquellos portentos, siempre con sencillez admirable.

Apenas si hace mención dos o tres veces de los tormentos crueles que ha de padecer, y cuando a ellos se refiere, lo hace con tranquilidad, como si se tratara de cosa insignificante. Una vez terminada la Pasión llega a decir que aquellos padecimientos eran lo que debíamos esperar que el Mesías hiciese por nosotros. *¿Pues qué, por ventura no era conveniente que el Cristo padeciese todas estas cosas?* [1] *¡Estas cosas!* Como si las befas y escarnios, la flagelación y la crucifixión, que habían hecho flaquear la fe de sus discípulos, no fueran al cabo cosas extraordinarias, capaces de maravillarnos.

Cur igitur non amem te, O Iesu amantissime?

¡Oh Rey amadísimo! ¿cómo hallar en el mundo entero razón para no amaros con el alma toda, para no dedicaros cada fibra de mi ser, para no procurar con todas mis energías pagaros amor con amor?

---
[1] S. Luc. XXIV.

ACTO DE FE.

Es gloria grande, la de seguir al Señor[1].

Lo sé, Dios mío, lo sé. Y sé también cuán indigna soy de ser contada entre el número de los que os siguen, de vuestros fieles siervos, de vuestros amigos. No puedo comprender, Señor, qué razón os movió a elegirme, pero creo sin ver y me llego a vuestros pies divinos, para que esta unión con vos me haga menos indigna de gracia tan extraordinaria.

ACTO DE AMOR.

También tú andabas con Jesús el Galileo[2].

Rey mío y Dios mío, poned en mi corazón amor tan

---
[1] Sabid. XXIII.   [2] S. Mat. XXVI.

grande hacia vos, que desee seguiros, doquiera vayáis, aunque sea al sufrimiento y al oprobio. Que la acusación que fué hecha a Pedro, sea mi gloria, y que ambicione solamente el que de mí se diga en el tiempo y después en la eternidad: *Ésta también se hallaba con Jesús Nazareno.*

¿A quién viene?

Veo al Rey situado en aquella verde planicie, próxima a Jerusalén, rodeado de los que le aman y creen en él. Es hermoso y amable, y los corazones de sus siervos se sienten atraídos hacia aquel que ven en medio de ellos sobre la verde hierba esmaltada de florecillas silvestres. Le oigo llamar a unos cuantos, muy pocos, para que sean sus compañeros más íntimos, sus amigos, los que le sigan más de cerca. A éstos los escoge de aquí y de allá, y los llama por sus nombres uno a uno. ¡Qué infinita sorpresa, qué extrema confusión, qué intensa alegría experimento al escuchar mi nombre, pronunciado por los divinos labios!

Veo cómo los elegidos se adelantan y vienen a formar un reducido círculo a los pies del Rey, como compañeros de su persona, como amigos: *Ya no os llamaré siervos, sino amigos*[1]. Este llamamiento es un don gratuito, y él, que es dueño absoluto de sus dones, lo dispensa

---
[1] S. Juan XV.

como le place. A todos somete a la ley de sus mandamientos, pero escoge un corto número para que sigan sus consejos. *Yo soy de ese corto número.* Elige unas almas, para derramar en ellas grandes dones, otras para dones mayores, otras por fin, para los dones especialísimos. *Yo soy elegida para éstos.*

Bien puedo bajar los ojos confundida, ante dignación tan extrema, y darle gracias, porque no le han movido a esta elección ni mi bondad ni mis merecimientos, sino sola su gloriosa libertad de acción.

¿Quid retribuam? ¿Qué le daré al Señor por este beneficio? Lo que él busca, o sea una correspondencia

digna de tal vocación. He sido llamada a alabar, reverenciar y servir a Dios: he aquí lo que él espera de mí. Pero mi alabanza, mi reverencia y mi servicio han de tener esa delicadeza, esa asiduidad y exactitud que son de esperar, en el palacio del rey, de aquellos que forman el séquito inmediato del soberano. Los de fuera no están obligados a tanto; pero mi puesto se halla más vigilado, y han de recibir mayor recompensa mis servicios.

Dios mira a las almas que le siguen de cerca en la vida de piedad, como amigos con los cuales puede consolarse de las repulsas y desprecios con que la mayoría de los hombres reciben sus palabras de amor. A estas almas se confía, a ellas encomienda la dulcísima misión de desagraviarle por aquellas ofensas; no debe, pues, haber en mí pusilanimidad ni inconstancia alguna para servirle en todo lo que me pida.

Sin embargo, aun en este «cuerpo escogido» hay distintos grados de abnegación. Los unos se contentan con cumplir sus compromisos personales, con hacer su propio trabajo y vigilar aquella parte del palacio que les ha sido encomendada, sin preocuparse del ejército general, de los comunes intereses, de seguir al rey más de cerca. Éstos no pueden considerarse como distinguidos en el palacio del soberano.

Pero hay otros que desean seguir al rey lo más de cerca posible. Allá donde la batalla es más empeñada, donde los golpes que se reciben son más duros, donde son más penosas las marchas y más abrumadoras las cargas, allí quieren ellos estar, porque allí está él. Por él abrazan mortificaciones voluntarias, trabajos, sacrificios, injurias e ignominias. *Queremos hacer por él lo más que podamos:* he aquí el grito de esos corazones y el que yo quiero repetir adoptándolo como propio: *Todo lo que me sea posible hacer, lo haré por él.*

Es el Rey por quien he de vivir, por quien he de morir, por quien debe ser inmensa dicha sacrificar todo interés personal, toda conveniencia propia, la salud, las fuerzas, el tiempo, el talento, la vida misma. Todo lo mío, todo lo que me partenece, he de ponerlo a los pies de mi Rey, para quien todo eso es mezquina ofrenda.

Sus mandamientos deben presidir todos los actos de mi vida, si reina en mi corazón, sobre todo otro pensamiento, el de servirle. Nada en primer término para mí, ni para los que me rodean, sino ante todo y siempre el Rey, sus intereses, su gloria, su servicio.... ¿Para qué otra cosa nos fué dada la vida, si no es para glorificar al Dios que por nosotros se hizo hombre?

¡Venga a nos tu reino! venga primeramente a mi corazón, y luego a aquellos corazones sobre los cuales puedo tener alguna influencia, a aquellos que están próximos a mí y que me son queridos, a aquellos que en especial me han sido confiados.

A mi corazón primero.... Sí, porque toda impresión profunda y duradera emana de él, y necesito que mi corazón palpite al unísono con el de Cristo, para que ese Corazón divino me desprenda de egoísmos y sensualidades, me inspire desprecio hacia los honores y las alabanzas del mundo y me haga morir a mí misma, para así seguirle a él más de cerca y conquistarle almas.

Veo a mi Rey que extendiendo hacia mí sus brazos me pregunta: *¿Quieres venir?* Me pide ayuda, me pide el servicio de mi persona, me pide lealtad, sacrificio, abnegación ... todo lo que él me ha dado generosísimamente.

¿Quieres venir? ¿Te conformarás con el alimento que te dé, con el cáliz que te ofrezca, con la vestidura que te regale? ¿Querrás compartir mis trabajos y privaciones, mi alimento, que es la voluntad de mi Padre, mi cáliz, que es el sufrimiento, mi librea, que es la humillación? *¿Quieres venir?* ...

¿Dudaré de la respuesta que he de darle?

¡Oh soberano Señor y Rey mío! caigo ante vos de hinojos, para deciros que aunque soy indignísima de vuestro llamamiento, me toméis como soy, pues me entrego en vuestras manos. *Señor, yo te seguiré a donde quiera que fueres* [1]. *En cualquier lugar que estuvieres, Señor y Rey mío, ya sea en vida ya en muerte, allí estará tu sierva contigo* [2].

AFECTOS DE HUMILDAD.

En unión con San Francisco de Borja y deseando sentir en mi corazón la humildad y la gratitud que en el suyo palpitaban, os diré

---

[1] S. Luc. IX.   [2] 2 Reyes XV.

repitiendo sus mismas palabras.

«Oh Dios mío, en quien solo pongo mi confianza, ¿qué hay en mí para que me miréis? ¿qué hallasteis en mí para llamarme a formar parte de vuestra compañía escogida? Los que la forman deben ser valientes, y yo soy cobarde; deben despreciar el mundo, y yo soy esclavo de sus juicios; deben odiarse a sí mismos, y yo me hallo lleno de amor propio. ¿Qué hallasteis pues, Señor, en mí? Acaso me visteis más atrevido que otros para desobedecer vuestra santa ley, más indiferente a vuestra gloria, más apegado a mi propio interés; porque ciertamente son estas las únicas cosas que en mí pudisteis hallar.»

Señor, yo adoro rendida vuestra gracia de elección, y os suplico que sigáis concediéndomela para guardar ésta y merecer otras mayores.

AFECTOS DE ARREPENTIMIENTO.

En pago de merced tan singular, no me pedís, Señor, grandes cosas, pero exigís que os guarde fidelidad. ¡Cuánto me confunde el reconocer que os he sido infiel una y mil veces, que ha habido tantas deficiencias y tibieza en mi trabajo por vos, junto con profundo egoísmo y con innumerables negligencias en todos sentidos!... Pero porque sé que no queréis que me abata la propia flaqueza, y que estáis dispuesto siempre a recibirnos, vengo, Señor, a pediros que me perdonéis todo lo que hice en ofensa vuestra, todo lo que ha menester de vuestra misericordia, que bien sabéis vos lo que es. ¿A quién si no es a vos puedo acudir en mi necesidad con súplica llena de confianza?

¿Para qué viene?

Viene para inflamar mi corazón en amor suyo, en ese amor hacia su divina Persona, del cual depende el fervor y la fidelidad del servicio que le consagre. Viene para estar cerca de mí, para ponerse a mi alcance y unirse conmigo íntimamente, para que así pueda aprender a imitarle, conociéndole perfectísimamente. El desconocimiento de Dios significa para el alma obscuridad y muerte; el conocerle es luz y vida eterna. *La vida eterna consiste en conocerte a ti, solo Dios verdadero, y a Jesucristo a quien tú enviaste* [1].

Él es el modelo según el cual han de formarse los elegidos, y así el conocimiento que de él tengamos, es condición indispensable en el orden de la Providencia de Dios, para que se realice la misión que el Verbo trajo a la tierra.

Dios no exigió a los apóstoles que fuesen hombres

---

[1] S. Juan XVII.

sabios o listos, sino solamente que conociesen a su Hijo, y San Pedro puso esta misma condición cuando llegó el momento de elegir al que había de ocupar el puesto de Judas. *Es necesario que de estos sujetos que han estado en nuestra compañía todo el tiempo que Jesús Señor nuestro conversó entre nosotros ... se elija uno que sea como nosotros testigo de su resurrección*[1].

Asimismo este conocimiento personal fué el concedido a San Pablo por revelación especial de Cristo; y todo aquel que es elegido para proseguir la obra del Redentor, trabajando en la

---

[1] Hechos de los Apóst. I.

propia santificación y en el bien de las almas, ha de alcanzar esta gracia, imprescindible para llevar a feliz término la empresa y enseñanza preciosa, que debe adquirir el soldado de Cristo antes de salir a luchar con el común enemigo.

Si hemos de asemejarnos a él, para poder como él influir sobre los demás, preciso es que estemos unidos constantemente con Cristo, que estudiemos su conducta, su carácter, sus sentimientos. Él atrajo a sí todas las cosas, para poder atraerlas a Dios; y nosotros hemos de llevar las almas a Dios dándoles el conocimiento de Cristo.

Por tanto es para nosotros un deber el adquirir

este amor intenso hacia la persona del Salvador, llegando a familiarizarnos con él, y este ha de ser el fruto de nuestra meditación y de nuestro estudio del divino modelo.

Decimos de aquellos que amamos y que conocemos íntimamente: «Esto haría, esto diría, esto me le recuerda, aquello le parecería bien o mal», etc. ¿Por qué no llegamos a conocer así a Jesús, a compenetrarnos con él, para imitarle, ya de un modo ya de otro, en toda ocasión? He aquí el secreto de hallar fácil entrada en todos los corazones, porque aquel que tiene este amor de Cristo y que le conoce íntimamente, posee un tacto, una habilidad, un atractivo de que carecen los demás. Los que mejor le conocen y le aman con mayor generosidad, son de él bendecidos especialmente, están más cerca de él, más unidos con él aquí, para estar más cerca de él y más unidos con él algún día en la eterna bienaventuranza.

Ya que esto es verdad, Dios mío, y que yo sé que acaso me falta sólo el amaros así, para ser lo que vos queréis que sea, y para serviros como debo hacerlo, bien comprendo qué es lo que os hace venir ahora a mi alma. Mucho tendré, Señor, de qué hablaros, mucho que pediros y mucho que alcanzar de vuestro Corazón sagrado.

AFECTOS DE ESPERANZA Y DE DESEO.

¿Quién viene?

El Verbo hecho carne por mí.
El Señor que murió por mí.
El Amor que se hizo alimento por mí.

¿A quién viene?

A la que por él fué redimida.
A la que está unida con él.
A la que desea recibirle.

¿Para qué viene?

Para reinar sobre su trono.
Para reinar *él solo*.
Para hacer suyas todas mis cosas.

DESPUÉS DE LA COMUNIÓN.

ACTO DE ADORACIÓN.

He aquí que vuestro Rey está aquí, aquel que habéis

elegido y deseado[1].—*¡Oh Rey, vive eternamente!*[2]—*Yo te ensalzaré, oh Dios, Rey mío*[3].—*Tú solo eres mi Rey y mi Dios*[4], *el bendecido y el solo poderoso, Rey de reyes y Señor de señores*[5], *mi Rey que habita el santuario*[6].—*Cantad alabanzas a nuestro Dios, cantad alabanzas a nuestro Rey*[7].—*Porque este es Dios nuestro Dios, por la eternidad y por los siglos de los siglos*[8].

ACCIÓN DE GRACIAS.

Bendecid a nuestro Dios y haced que se escuche la voz de sus alabanzas[9].—*Clamaré*

---

[1] 1 Reyes XII.
[2] Daniel VI.
[3] Salmo CXLIV.
[4] Salmo XL.
[5] 1 Timoteo VI.
[6] Salmo XLVII.
[7] Salmo XLVI.
[8] Salmo XLVII.
[9] Salmo LXV.

al Dios altísimo, al Dios que me ha concedido beneficios [1]. —*Bendecid al Señor, vosotros todos siervos del Señor, que habitáis en la casa del Señor, en los atrios del palacio de nuestro Dios* [2]. —*Engrandeced al Señor conmigo, y exaltemos juntos su santo nombre* [3]. —*Bendito sea el Señor, porque ha mostrado hacia mí su misericordia* [4]. —*Díganlo aquellos que han sido redimidos por el Señor, los que ha rescatado de las manos del enemigo, reuniéndolos de todos los países* [5]. —*¡Cómo habéis multiplicado, Señor, vuestras misericordias!* [6] —*¿Qué devolveré al Señor*

---

[1] Salmo LVI. [2] Salmo CXXXIII.
[3] Salmo XXXIII. [4] Salmo XXX.
[5] Salmo CVI. [6] Salmo XXXV.

por todos los beneficios que me ha concedido? [1] —*Ofrece a Dios un sacrificio de alabanza, y rinde tus votos al Altísimo* [2]. —*Rendiré mis votos al Señor en los atrios de la casa del Señor, en medio de ti, oh Jerusalén* [3]. —*Alábente todas tus obras, oh Señor, y bendígante todos tus santos* [4]. —*Alaba al Señor, alma mía. Alabaré al Señor durante mi vida; cantaré a mi Dios mientras yo exista* [5]. —*¿Qué tengo yo en el cielo sino a ti? y fuera de ti, ¿qué deseo yo en la tierra? Tú eres el Dios de mi corazón y el Dios que ha de ser mío por toda la eterni-*

---

[1] Salmo CXV. [2] Salmo XLIX.
[3] Salmo CXV. [4] Salmo CXLIV.
[5] Salmo CXLV.

dad[1].—*Oh Señor, Dios mío, yo te alabaré por los siglos de los siglos*[2].

ACTO DE AMOR.

No temas, porque yo te redimí y te llamé por tu nombre; tú eres mío[3].

Vuestra soy en verdad, Dios mío, vuestra enteramente, y únicamente vuestra. Bien sé que si mi perseverancia y mi salvación dependiesen solamente de vuestra santísima voluntad, estarían una y otra aseguradas; pero mi inconstancia y mi flaqueza son causa de constante peligro para ellas. ¿Dónde hallaré pues un apoyo firme que me defienda de tan fatal

---

[1] Salmo LXXII.   [2] Salmo XXIX.
[3] Isaías XLIII.

instabilidad? Únicamente en ese amor firme y profundo hacia la persona adorable del Salvador, medio el más suave y a la vez el que perdura cuando otros han perdido su eficacia. Porque el amor a Dios que se entiende de un modo vago, como idea y no como sentimiento, ese no puede arrostrar la prueba del tiempo y de la adversidad; llegada la tentación, aquellos que en ese amor se han apoyado, desfallecen, mientras que los que se unen al Señor con amor profundo, inspirado en el íntimo conocimiento de su persona, de sus sentimientos, de sus sublimes enseñanzas, ésos permanecen fieles hasta el fin.

Para llegar a conseguir este amor, preciso es ante todo que crea en el que él me tiene a mí personalmente. No he de decir: «Natural es que Dios ame a esta o a aquella alma, pero no veo que en mí pueda haber nada que atraiga su amor.» Aunque yo piense así, he de negar mi propio juicio, para creer, como creo otros misterios, que Jesús me ama y que desea mi amor. ¡Que desea mi amor!... Tampoco he de decir que siendo mi corazón tan frío y tan duro, no puede el Corazón divino anhelar el amor que aquél pueda darle, amor imperfecto y tibio. Sé que el Señor desea ese amor tal como es, tal como yo puedo dárselo.

Cada corazón le ofrece amor distinto, pero él no quiere que yo le ofrezca el de otro corazón, sino que quiere el mío. A cada uno pide lo que está en su mano dar, y por eso me pide a mí el amor de mi pobre corazón, amor que, de negárselo yo, echaría de menos, aunque tuviese el de todos los corazones de los hombres.

¡Oh Señor y Maestro mío! ¿cómo podré negaros lo que es vuestro por derecho indiscutible y por tantos títulos? ¿Cómo no ofreceros con gozo esto poco que puedo daros? Tomadlo todo, Señor, ya que, aun siendo tan pobre el don, me lo pedís con infinita ternura.

SÉPTIMO EJERCICIO.

Soberano Señor y Rey mío Jesucristo, vedme aquí de hinojos en vuestra presencia como un vasallo de tiempos feudales que viene a prestar juramento de fidelidad. Pongo mis manos juntas entre las vuestras, por mí traspasadas, y renuevo mi promesa de seguiros hasta la muerte, haciéndoos ofrenda y homenaje de cuanto tengo y soy, de las potencias de mi alma, de los sentidos de mi cuerpo, de los afectos de mi corazón ... todo os lo entrego, Señor: dadme vuestra gracia, y ésta me basta.

Ángeles y Arcángeles, etc. (pág. 113).

PETICIÓN.

Él envió de lo alto y me cogió sacándome de muchas

aguas. Me libró de mi enemigo más poderoso y de los que me odiaban, porque eran demasiado fuertes para mí. Y él me sacó a un lugar ancho, él me libró, porque yo le agradé[1]. — *Por tanto yo te daré gracias, oh Señor, y cantaré a tu nombre*[2].

Dios mío, conservad vivo en mi corazón el agradecimiento por la insigne merced que me hicisteis llamándome a seguiros más de cerca que otras almas, a participar de vuestra dulcísima compañía en la sagrada Mesa y en el sagrario todos los días de mi vida. Mientras sienta mi corazón esa gratitud, se conservará incólume

---

[1] 2 Reyes XXII.   [2] Ib.

la vocación que me hizo elegiros por mi Rey y renunciar por vos a las vanidades del mundo. Poco significa, Señor, lo que yo por vos dejé; y si fuera preciso llevar más adelante el sacrificio, lo haría con profundo gozo, sufriendo por vuestro amor.

Señor, os he dado y os doy de nuevo todo lo que tengo, mi cuerpo, mi alma, mi inteligencia, mi corazón, mi voluntad, para que todo sea vuestro y se emplee únicamente en serviros. Si ha habido en mí cobardías, indecisiones, faltas de generosidad; si he faltado a la fe jurada el día en que me consagré a vos, otorgadme gracia para ser de hoy en adelante abnegada, fiel, sincera en la oblación que os hago de mí misma. Puesto que me llamasteis y me ayudasteis a comenzar la obra de mi santificación, concededme ahora gracias más abundantes para perfeccionar mi ofrecimiento y asegurar mi elección.

Os encomiendo, Señor, todas las almas que habéis distinguido con predilección soberana, llamándolas y reuniéndolas bajo el estandarte de vuestro séquito inmediato, las almas escogidas para grandes designios. Que cada una responda a lo que de ella esperáis: os las ofrezco todas, y os pido que, ya que quisisteis hacerme compartir con ellas las dulzuras de vuestro servicio en el tiempo, me otorguéis la dicha de gozar, también con ellas, de las delicias de la eterna bienaventuranza.

Señor, séame concedido escuchar de vuestros labios, el día del juicio, estas palabras, que llenarán de infinito júbilo el alma: *Éste es uno de aquellos* [1], de los que me siguieron hasta la muerte, de los que hallarán su descanso en mí, y su recompensa en la gloria. *Y así se verificó que todas las almas salieron salvas a tierra* [2].

---
[1] S. Marc. XIV.   [2] Act. XXVII.

LETANÍA PARA LA SANTA COMUNIÓN.

Señor, ten piedad de nosotros.

Cristo, ten piedad de nosotros.

Señor, ten piedad de nosotros.

Cristo, óyenos.

Cristo, escúchanos.

Dios Padre todopoderoso, —Ten misericordia de nosotros.

Dios Hijo, Redentor del mundo,[*]

Dios Espíritu Santo,

Jesús, Pan de vida que bajaste del cielo[1],

Jesús, Pan del cielo, que das la vida al mundo[2],

---

[1] S. Juan VI.   [2] Ib.
[*] Ten misericordia de nosotros.

LETANÍA PARA LA COMUNIÓN. 279

Dios escondido y Salvador nuestro[1],*

Señor mío y Dios mío[2],

Tú que nos amaste con caridad eterna[3],

Tú que tienes tus delicias en estar con los hijos de los hombres[4],

Tú que has dado tu carne para la vida del mundo[5],

Tú que convidas a todos a ir a ti[6],

Tú que prometes la vida eterna a aquellos que te reciben[7],

Tú que con deseo deseaste comer esta Pascua con nosotros[8],

---

[1] Isaías XLV. [2] S. Juan XX.
[3] Jerem. XXXI. [4] Prov. VIII.
[5] S. Juan VI. [6] S. Mat. XI.
[7] S. Juan VI. [8] S. Luc. XXII.
* Ten misericordia de nosotros.

Tú que estás siempre dispuesto a recibirnos y a darnos la bienvenida,*

Tú que estás a la puerta llamando[1],

Tú que has dicho que si te abrimos entrarás y cenarás con nosotros[2],

Tú que nos recibes en tus brazos y nos bendices como a los niños,

Tú que nos consientes sentarnos a tus pies con Magdalena,

Tú que nos convidas a reclinarnos sobre tu pecho con el discípulo amado,

Tú que no nos has dejado huérfanos[3],

Sacramento amadísimo,

---

[1] Apoc. III.   [2] Ib.
[3] S. Juan XIV.
* Ten misericordia de nosotros.

Sacramento de amor,
Sacramento suavísimo,
Sacramento que das la vida,
Sacramento que das fortaleza.
Mi Dios y mi todo,
Para que nuestros corazones suspiren por ti, como el ciervo suspira por la fuente de aguas vivas[1],—Te rogamos, óyenos.

Para que te dignes manifestarte a nosotros, como lo hiciste a tus discípulos en la fracción del Pan[2],*

Para que conozcamos tu voz, como la conoció Magdalena,

Para que con fe viva confesemos con el discípulo amado: «Es el Señor»[3],

---

[1] Salmo XLI. [2] S. Luc. XXIV.
[3] S. Juan XXI.
* Te rogamos, óyenos.

Para que nos bendigas a nosotros, que sin haberte visto hemos creído en ti [1],*

Para que te amemos en el Santísimo Sacramento, con todo nuestro corazón, toda nuestra alma, todo nuestro entendimiento y todas nuestras fuerzas [2],

Para que el fruto de cada Comunión sea el amarte más,

Para que nuestro único deseo sea amarte y cumplir tu voluntad,

Para que permanezcamos siempre en tu amor [3],

Para que te dignes enseñarnos a recibirte y darte la bienvenida,

---

[1] S. Juan XX.   [2] S. Marc. XXII.
[3] S. Juan XV.
* Te rogamos, óyenos.

Para que te dignes enseñarnos a orar y ores tú mismo en nosotros[1],*

Para que contigo venga toda virtud a nuestras almas,

Para que durante este día nos guardes íntimamente unidos a ti,

Jesús, amante de la pobreza, que no tenías donde apoyar tu cabeza, permíteme seguirte con perfecta pobreza[2],

Jesús, amante de la castidad, que te apacientas entre los lirios, permíteme seguirte con perfecta castidad[3],

Jesús, amante de la obediencia, obediente hasta la muerte, permíteme se-

---
[1] S. Luc. XI.   [2] S. Mat. VIII.
[3] Cant. II.
* Te rogamos, óyenos.

guirte con perfecta obediencia[1],*

Para que nos concedas la gracia de perseverar hasta el fin[2],

Para que seas entonces nuestra ayuda y nuestro viático,

Para que contigo y apoyados en ti atravesemos seguros todos los peligros,

Para que nuestro último acto sea uno de amor perfecto, y nuestro último suspiro el de un deseo infinito de entrar en la casa de nuestro Padre,

Para que tu faz dulcísima nos sonría cuando aparezcamos ante ti,

---

[1] Filip. II.   [2] S. Mat. X.
* Te rogamos, óyenos.

Para que nuestro apartamiento de ti no sea muy largo,*

Para que cuando termine nuestra purificación volemos de la cárcel del Purgatorio a ti, y hallemos en tu Corazón nuestro descanso eterno,

Cordero de Dios, que quitas los pecados del mundo,— Perdónanos, Señor.

Cordero de Dios, que quitas los pecados del mundo,— Óyenos, Señor.

Cordero de Dios, que quitas los pecados del mundo,— Ten misericordia de nosotros.

℣. Quédate con nosotros, Señor, porque ya es tarde.

---

* Te rogamos, óyenos.

℞. Y va ya el día de caída[1].

Oremos. A ti venimos, Señor, con los apóstoles a decirte: *Auméntanos la fe*[2]. Danos una fe firme y viva en el misterio de tu presencia real entre nosotros. Danos la fe espléndida del Centurión, que mereció de ti palabras de alabanza. Danos la fe de tu discípulo amado, para conocerte en medio de las sombras y exclamar: *es el Señor*[3]; la fe de Marta, para confesarte: *Cristo Hijo de Dios vivo*[4]; la de Magdalena, para caer a tus divinos pies exclamando: *¡Rabboni, Maestro!*[5] la de tus Santos todos, para quie-

---

[1] S. Luc. XXIV. [2] Ib. XVII.
[3] S. Juan XXI. [4] Ib. XI.
[5] Ib. XX.

nes la Eucaristía fué el cielo comenzado en la tierra. Que en cada Comunión sintamos aumentarse nuestra fe, porque con ella vendrá el amor, vendrá la humildad, la reverencia, vendrá todo bien a enriquecer nuestras almas.

Señor, auméntanos la fe. Así sea.

ROSARIO PARA LA COMUNIÓN.

En la cruz:

Alma de Cristo, santifícame.
Cuerpo de Cristo, sálvame.
Sangre de Cristo, embriágame.
Agua del costado de Cristo, purifícame.
Pasión de Cristo, confórtame.
Oh mi buen Jesús, óyeme.
No permitas que me aparte de ti.

Del enemigo malo defiéndeme.
En la hora de mi muerte llámame,
Y mándame ir a ti,
Para que con tus Ángeles te alabe
Por los siglos de los siglos. Amén.

En las cuentas grandes:

Padre nuestro.

En las cuentas pequeñas:

Dios te salve, María, llena eres de gracia, el Señor es contigo, bendita tú eres entre todas las mujeres, y bendito es el fruto de tu vientre Jesús, que recibiste tan dignamente.

Santa María, Madre de Dios, ruega por nosotros pecadores, para que le recibamos dignamente ahora y en la hora de nuestra muerte. Amén.

> Tres decenas del Rosario.
>
> Al final se dirá:

Oremos. ¡Oh Dios, que en el admirable Sacramento nos dejasteis la memoria de vuestra Pasión! os rogamos, Señor, nos concedáis el que de tal manera veneremos los misterios de vuestro Cuerpo y Sangre, que perennemente sintamos en nosotros el fruto de vuestra Redención. Vos, que vivís y reináis con Dios Padre, en unión del Espíritu Santo, Dios, por todos los siglos de los siglos. Amén.

www.ingramcontent.com/pod-product-compliance
Lightning Source LLC
Chambersburg PA
CBHW071651090426
42738CB00009B/1487